ANNE-SOPHIE LESAGE • FANNY LES/



# ET PUIS fuck, On n'a qu'une vie !

SOLAR
EDITIONS

## PREMIÈRE PARTIE

# l'envie d'avoir ENVIE*

* JOHNNY HALLYDAY

CE MATIN, MON RÉVEIL A SONNÉ PLUS FORT QUE LES AUTRES MATINS. BIEN PLUS FORT, MÊME, JE DIRAIS...
Merde merde merde !
BIIIIP
BIIIIP
BIIIIP

J'AI REGARDÉ LA DATE SUR MON TÉLÉPHONE : C'ÉTAIT BIEN CE QUE JE CRAIGNAIS.
Merde merde merde !
MÊME SI MA MOTIVATION EN CE JOUR SPÉCIAL ÉTAIT MODÉRÉE, JE ME SUIS LEVÉE. JE N'AVAIS PAS TROP LE CHOIX, APRÈS TOUT.
Forever Young

UNE FOIS PRÊTE, ENFIN TOUT COMME, J'AI REJOINT ANTOINE ET LES FILLES DANS LA CUISINE.
Forever Young
JUS
IL S'EST RAPPROCHÉ DE MOI ET S'EST AVENTURÉ À UNE EMBRASSADE MATINALE EN ME SUSURRANT DANS LE CREUX DE L'OREILLE :
Bon ann…
N'y pense même pas, Antoine !
À LEUR TOUR, LES FILLES SE SONT JETÉES SUR MOI :
Maman, on a un cadeau pour toi !
JE NE POUVAIS ÉVIDEMMENT PAS LEUR DIRE QUE LÀ, TOUT DE SUITE, JE RÊVAIS D'UN SEUL CADEAU : ÊTRE SEULE SUR UNE ÎLE DÉSERTE. BON, PEUT-ÊTRE PAS SEULE, SEULE… SI JULIEN DORÉ VOULAIT SE JOINDRE À MOI POUR ME CHANTER QUELQUES POÉSIES AU COIN DU FEU, JE NE DIRAIS PAS NON.
Et j'ai crié, crié-é, Alice, pour qu'elle revienne
JE VOYAIS BIEN QUE MES AMOURS S'ÉTAIENT INVESTIS DANS CETTE CRÉATION GRAPHIQUE, QUI METTAIT LE DOIGT SUR LE SUJET SENSIBLE :
Vous m'avez dessiné quoi au bout de la main ? Une canne ?
Bah non, maman ! C'est une épée de super-héroïne !
MAMAN, MÊME VIEILLE ON T'AIMERA TOUJOURS
Ah oui ! c'est bien ce que je pensais…

JE ME SUIS MISE EN ROUTE POUR LE TRAVAIL, DANS MA PAIRE DE CONVERSE DU LYCÉE QUE J'AVAIS REMONTÉE DE LA CAVE. ELLES ÉTAIENT TELLEMENT COOL ! JE LES AVAIS CUSTOMISÉES MOI-MÊME...
AVANT DE PARTIR, J'AI TOUT DE MÊME JETÉ UN ŒIL FURTIF À MON TÉLÉPHONE. J'AVOUE, J'ÉTAIS ÉTONNÉE D'AVOIR SI PEU DE MESSAGES CE MATIN. MÊME SI JE SOUHAITAIS QUE CETTE JOURNÉE FASSE AUSSI PEU DE VAGUES QUE LA MER MÉDITERRANÉE, JE M'ATTENDAIS QUAND MÊME À ÊTRE « CÉLÉBRÉE ». FACEBOOK, INSTA, SNAP, LINKEDIN, MSN MESSENGER... C'ÉTAIT LE CALME PLAT.
EH OUI, JE SUIS DONC CE GENRE DE PERSONNE QUI VÉRIFIE TOUT AU LONG DE LA JOURNÉE QUI A OUBLIÉ OU NON SON ANNIVERSAIRE. #RANCUNETENACE
2021
2022
AU BOULOT, MON SWEAT « FOREVER YOUNG » A FAIT SENSATION ! LES COLLÈGUES AVAIENT DÉCIDÉ DE ME REBAPTISER « LA STAGIAIRE » POUR LA JOURNÉE. PLEIN DE PETITES ATTENTIONS M'ATTENDAIENT SUR MON BUREAU. J'Y AJOUTAI LA CRÉATION ARTISTIQUE DES FILLES.
Joyeux anniversaire Alice !

IL A RI, J'AI RI, ON A RI. MAIS JE NE SUIS ÉVIDEMMENT PAS PARTIE À 16 HEURES.

J'AVOUE QUE CES DERNIERS TEMPS, ENTRE LE TÉLÉTRAVAIL FORCÉ ET LES E-RÉUNIONS À GOGO, J'AVAIS PERDU LE FEU SACRÉ EN CE QUI CONCERNE MON JOB. JE SAVAIS QUE MON TRAVAIL ÉTAIT IMPORTANT DANS LA VIE DES FRANÇAIS, QU'IL ÉTAIT DANS CHAQUE MAISON...

CHEZ PEDRO, C'EST NOTRE QG (POUR QUARTIER GÉNIALISSIME), COMME ON L'APPELLE.
ON Y FÊTE TOUS NOS ÉVÉNEMENTS DE LA VIE, LES JOIES, LES PEINES... LA VIE, QUOI !

CHAQUE ANNÉE, ELLES ME FAISAIENT LE COUP… MON CREW DE COPINES M'ORGANISAIT CE QU'ELLES CONTINUAIENT D'APPELER UN APÉRO D'ANNIVERSAIRE SURPRISE.
Forever young

ET MOI, JE FEIGNAIS DE NE PAS SAVOIR DE QUOI IL ÉTAIT QUESTION.
Sophie
On se retrouve chez Pedro à 19 heures?
Pas de souci, ma Soso, j'y serai.
Rien de trop grave, j'espère?
ON ACHEVAIT CHACUN DE NOS ÉCHANGES PAR CETTE COMBINAISON TRÈS GIRL POWER.

QUAND JE SUIS ARRIVÉE DANS NOTRE TROQUET DE QUARTIER, UN VERRE DE BLANC SEC ET FRUITÉ (MAIS PAS SUCRÉ) AVEC TROIS GLAÇONS M'ATTENDAIT.
MES AMIES ME CONNAISSENT PAR CŒUR ! IL Y AVAIT JULIA, SOPHIE… ET MA LEÏLA.

JE VOYAIS DU COIN DE L'ŒIL QUE JULIA ÉTAIT EN TRAIN DE BRIEFER PIERRE, LE PATRON DU BAR.

T'es con !
Nan, mieux… enfin, différent ! On a décidé de t'emmener en week-end filles !
Et ce n'est pas une question. Tout est organisé avec Antoine…
Mais…
Tchut, tchut ! On est toutes épuisées, on en a toutes besoin ! Si tu ne le fais pas pour toi, fais-le pour nous, meuf ! J'ai déjà prévu de laisser les monstres aux grands-parents.
Forever Young
Ouais, c'est vital, là, comme dit Juju !
JE NE VOULAIS PAS DÉCEVOIR MON CREW, D'AUTANT QUE LES FILLES AVAIENT TOUT FICELÉ ! ELLES M'ONT EXPLIQUÉ QU'ANTOINE M'AVAIT GENTIMENT PRÉPARÉ UN SAC, QU'IL LEUR AVAIT FILÉ UN PEU PLUS TÔT DANS LA JOURNÉE.

INQUIÈTE, J'AI GLISSÉ FURTIVEMENT UN ŒIL SUR LE CONTENU DU SAC :
des pulls à col roulé (on était en juin)
une culotte (à croire qu'il pensait qu'une culotte pouvait faire plusieurs jours)
un maillot de bain
une brosse à dents
et un éthylotest !
C'ÉTAIT TOUT ANTOINE, ÇA...
MON SAC ÉTAIT DONC « PRÊT », ET UN TAXI NOUS ATTENDAIT DEHORS POUR NOUS EMMENER À LA GARE.
Mais au fait, on va où ?
J'ai demandé à tes parents de nous donner les clés de votre maison de vacances de Courseulles-sur-Mer.
Tu n'y vas plus qu'en famille. Là, on va se faire un week-end détente : spa, apéro, dodo.
IL EST VRAI QUE, CETTE MAISON, C'ÉTAIT MA MADELEINE DE PROUST.

J'Y AVAIS FAIT PRESQUE TOUTES MES PREMIÈRES FOIS... DONT MON PREMIER AMOUR D'ÉTÉ.

L'IDYLLE AVAIT ÉTÉ DE COURTE DURÉE AVEC THOMAS. APRÈS TROIS JOURS DE GALOCHES, IL REPRENAIT LE CHEMIN DU FINISTÈRE, ET MOI CELUI DE LA RÉGION PARISIENNE.

À L'ÉPOQUE, J'AVAIS TROUVÉ CELA TERRIBLEMENT ROMANTIQUE.

AUJOURD'HUI, LA FEMME PRAGMATIQUE QUE JE SUIS DEVENUE SE REND COMPTE QUE THOMAS N'AVAIT PROBABLEMENT PAS ENVIE DE S'ENCOMBRER D'UN SERVICE APRÈS-VENTE.

QUAND JE PEINE À M'ENDORMIR LE SOIR, JE FERME LES YEUX ET JE M'IMAGINE, ENFANT, ME GLISSER AU FOND DE CE GROS CANAPÉ, FACE À LA CHEMINÉE, AVEC MON BOL DE CÉRÉALES PLEIN DE SUCRE (ON NE S'INQUIÉTAIT PAS ENCORE DE CE QUE LES ENFANTS INGURGITAIENT), À LIRE MON TINTIN PRÉFÉRÉ, « LES BIJOUX DE LA CASTAFIORE » (LES PRÉMICES DE MA PASSION POUR TOUT CE QUI BRILLE).
CE VOYAGE DANS LE PASSÉ AVAIT FINI DE ME MOTIVER !
OK, super! Juste une condition : ne pas en faire un week-end d'anniversaire! Pas de cadeau, pas de diaporama... Juste un moment entre nous.
Forever Young
J'AI BIEN VU QUE JULIA, NOTRE REINE DE L'ÉVÉNEMENTIEL, ÉTAIT DÉÇUE...
Donc j'annule le feu d'artifice ?

GARE
ELLES ÉTAIENT MIGNONNES ! DANS LE TRAIN, TOUT AVAIT ÉTÉ PRÉPARÉ POUR QU'ON PASSE UN DOUX MOMENT : LECTURES FUTILES COMME ON AIME, AVEC LES DERNIÈRES ACTUALITÉS DE MEGHAN ET HARRY, ET TOUT CE QU'IL FALLAIT POUR TAQUINER NOTRE TAUX DE CHOLESTÉROL...
CHIPS
T'avais vraiment prévu un feu d'artifice ?
Voilà!
Bah ouais...

IL M'A SUFFI DE PASSER UN PIED DANS LA MAISON POUR ME SENTIR INSTANTANÉMENT BIEN !
LA NUIT ÉTAIT TOMBÉE. ON A INSTALLÉ NOS AFFAIRES DANS LES DEUX CHAMBRES : JULIA ET SOPHIE ONT PRIS LA CHAMBRE DE MES PARENTS, ET LEILA ET MOI, QUI FAISIONS MOINS D'UN MÈTRE SOIXANTE, NOUS SOMMES RETROUVÉES DANS LA CHAMBRE D'ENFANTS, DEVANT LES LITS SUPERPOSÉS.
Ça t'embête si je me mets en haut ? Quand je suis en bas, j'ai toujours peur que le lit cède et que je meure écrasée...
Pas de souci, ma poule ! C'est ton ann... Euh ! c'est comme tu veux ! Par contre, ça ne t'embête pas de potentiellement m'écraser dans mon sommeil ?
Bah moins ! Ha, ha !

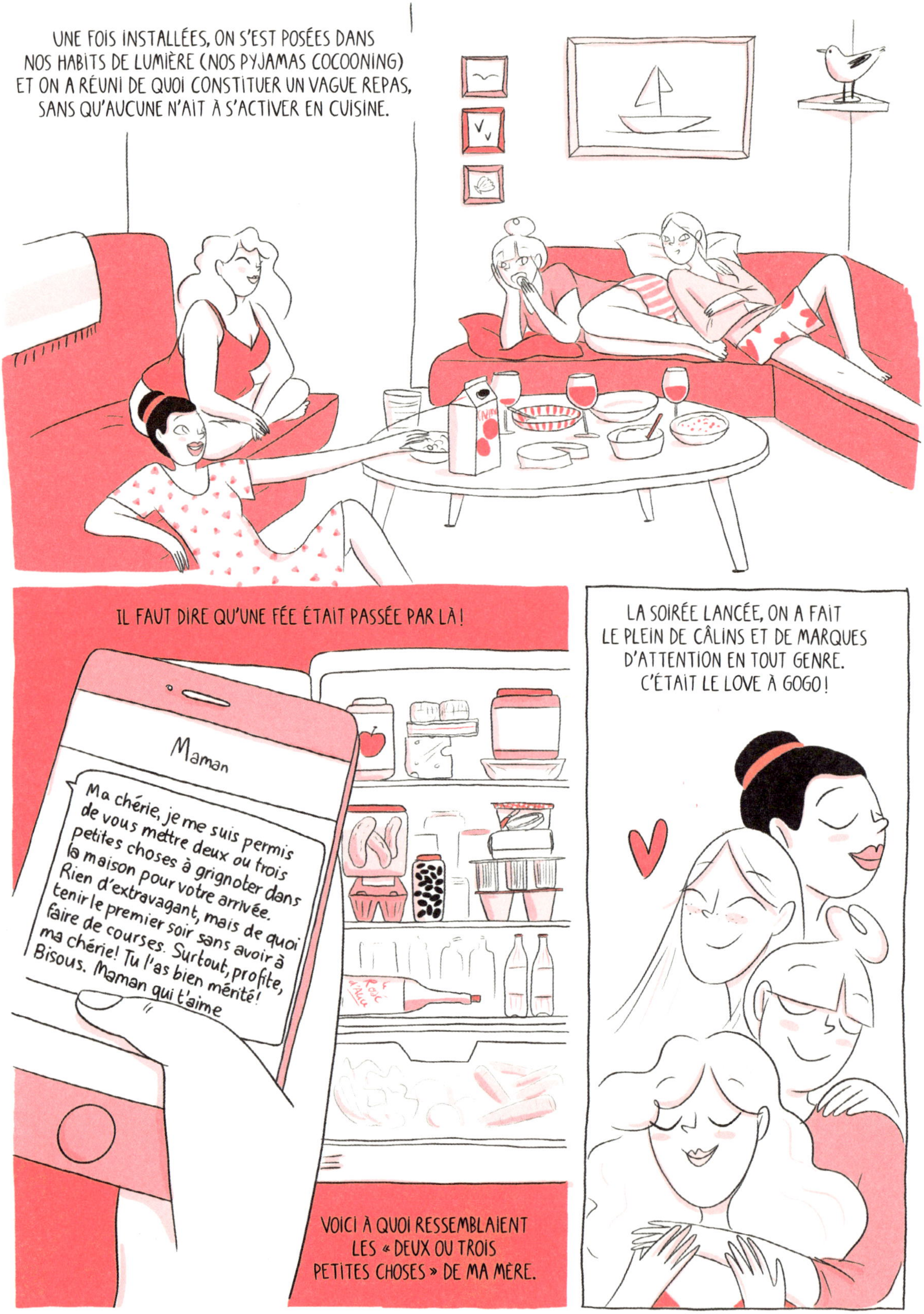
UNE FOIS INSTALLÉES, ON S'EST POSÉES DANS NOS HABITS DE LUMIÈRE (NOS PYJAMAS COCOONING) ET ON A RÉUNI DE QUOI CONSTITUER UN VAGUE REPAS, SANS QU'AUCUNE N'AIT À S'ACTIVER EN CUISINE.
IL FAUT DIRE QU'UNE FÉE ÉTAIT PASSÉE PAR LÀ !
Maman
Ma chérie, je me suis permis de vous mettre deux ou trois petites choses à grignoter dans la maison pour votre arrivée. Rien d'extravagant, mais de quoi tenir le premier soir sans avoir à faire de courses. Surtout, profite, ma chérie ! Tu l'as bien mérité ! Bisous. Maman qui t'aime
VOICI À QUOI RESSEMBLAIENT LES « DEUX OU TROIS PETITES CHOSES » DE MA MÈRE.
LA SOIRÉE LANCÉE, ON A FAIT LE PLEIN DE CÂLINS ET DE MARQUES D'ATTENTION EN TOUT GENRE. C'ÉTAIT LE LOVE À GOGO !

ON EST PARTIES DANS DE GRANDES DISCUSSIONS : NOTRE PASSION POUR CETTE NOUVELLE SÉRIE ANGLAISE PIQUANTE OU, PLUS PHILOSOPHIQUE, NOTRE QUÊTE VERS LE POINT E, LE POINT ÉPANOUISSEMENT. CHACUNE Y EST ALLÉE DE SON PETIT BILAN, DE SA POSITION PAS TOUJOURS CONFORTABLE SUR LE FIL DE LA VIE.

LEÏLA, NOTRE HYPERSENSIBLE, NOUS A RACONTÉ SON COMBAT QUOTIDIEN CONTRE ELLE-MÊME, CONTRE SES ÉMOTIONS EXACERBÉES. MÈRE D'UNE PETITE FILLE, ELLE ESSAYAIT D'AGRANDIR SA FAMILLE DEPUIS PLUS DEUX ANS, SANS SUCCÈS. APRÈS QU'ON L'A BOUSCULÉE POUR PASSER QUELQUES EXAMENS DE CONTRÔLE, ELLE A DÉCOUVERT QU'ELLE SOUFFRAIT D'ENDOMÉTRIOSE. ELLE ALLAIT DEVOIR SE LANCER DANS UN COMBAT DONT ELLE NE CONNAISSAIT PAS L'ISSUE. CE QUI LA MINAIT AUSSI BEAUCOUP, C'EST LA PRESSION SOCIALE QU'ELLE RESSENTAIT.

JULIA, QUI ALLAIT TOUJOURS DROIT AU BUT, A SU TROUVER LES BONS MOTS :

LEÏLA SOUFFRAIT, ET ON NE POUVAIT MALHEUREUSEMENT RIEN POUR ELLE, SI CE N'EST ÊTRE À SES CÔTÉS, CHAQUE MOIS, QUAND LA DÉCEPTION POINTAIT LE BOUT DE SON NEZ.

JULIA, QUANT À ELLE, NOTRE SUCCESSFULL BUSINESS WOMAN, BRILLAIT DANS UN MÉTIER QUE JE NE SERAIS PAS PLUS CAPABLE D'EXPLIQUER QUE CELUI DE CHANDLER BING ! ON ÉTAIT FIÈRES ET ADMIRATIVES DE CE QU'ELLE ACCOMPLISSAIT, MÊME SI ON N'Y COMPRENAIT PAS GRAND-CHOSE. ELLE AVAIT MÊME ÉTÉ NOMMÉE « PERSONNALITÉ À SUIVRE » PAR LINKEDIN. DANS SA VIE PERSO, C'ÉTAIT PLUS COMPLIQUÉ, PUISQU'ELLE ATTAQUAIT SON DEUXIÈME DIVORCE. ELLE ÉTAIT EFFONDRÉE DE CES ÉCHECS À RÉPÉTITION, ET PERSUADÉE QU'ELLE FAISAIT PEUR AUX HOMMES.
Je vous jure, j'ai fait le test sur Tinder : je mets le même profil, je change juste mon poste, et ça ne rate pas ! On vient beaucoup plus interagir avec la consultante qu'avec la CEO. Mais c'est quoi l'idée ? mentir sur qui je suis ?
Bien sûr que non ! Tu auras peut-être moins de matchs, mais celui qui viendra aura les couilles de créer une relation avec la girl boss que tu es.
SOPHIE SURENCHÉRISSAIT :
Ouais, et comme le disait je sais plus qui, « never apologize for being a powerful woman* » !
* NE VOUS EXCUSEZ JAMAIS D'ÊTRE UNE FEMME PUISSANTE.
SOPHIE JUSTEMENT, NOTRE PASSIONNÉE, ÉTAIT PASSÉE À L'ACTION ET DÉDIAIT SON QUOTIDIEN À MILITER POUR LA DÉCROISSANCE. ELLE NOUS RACONTAIT AVEC ÉMOTION SES DERNIERS COMBATS, ET AVEC ANGOISSE CE À QUOI ÉTAIT VOUÉ LE MONDE DE DEMAIN. ELLE EN AVAIT LES LARMES AUX YEUX.
Ça commence par des petits gestes du quotidien ! Rien de trop sorcier. Je serais ravie de les partager avec vous.
FACE À NOTRE ENGOUEMENT, ELLE RAYONNAIT.

QUANT À MOI, JE PEINAIS À TROUVER LES MOTS. JE MANQUAIS D'ÉNERGIE, DE MOTIVATION GLOBALE. JE ME DEMANDAIS OÙ ÉTAIT PASSÉE MON ENVIE DE BOUFFER LA VIE. J'AVAIS L'IMPRESSION D'AVOIR PERDU MA CAPACITÉ À RÊVER, À ME PROJETER DANS L'AVENIR. JE ME SENTAIS COMME UNE SOURIS DANS SA ROUE. J'AVAIS DÉSESPÉRÉMENT BESOIN DE RÉENCHANTER MON QUOTIDIEN, D'ENCLENCHER UN CHANGEMENT, MAIS JE NE SAVAIS PAS COMMENT.
GASPACHO
Et toi, Alice, c'est quoi ta météo intérieure ?
Bof, on est sur un mi-figue mi-raisin, je crois !
Tu sais ce qu'il nous faut, là ? La reine de ce fucking bonheur : Queen Amélie !
Une copine à toi qui est dans le coin ?
Mais nannn ! Amélie Poulain ! On va se mater « Amélie Poulain ».
Oh ouiiiii !

LE LENDEMAIN MATIN, ALORS QU'ON AVAIT POUSSÉ LA GRASSE MATINÉE AU MAXIMUM DE CE QUE NOTRE ÂGE NOUS PERMETTAIT, 8 H 12, ON A ÉMERGÉ TRANQUILLEMENT, SANS PROGRAMME, SANS CONTRAINTE, ET ÇA NOUS A FAIT UN BIEN FOU.
ALORS QUE J'ALLAIS ME FAIRE UN CAFÉ DANS LA CUISINE, J'AI VU LE POT DE CAFÉ EN GRAINS QUI ME FAISAIT DE L'ŒIL. J'AI REPENSÉ AUX PETITS BONHEURS D'AMÉLIE POULAIN.
THÉ
APRÈS AVOIR VÉRIFIÉ QU'AUCUNE DES FILLES N'ÉTAIT DANS LE PÉRIMÈTRE, J'AI GLISSÉ MA MAIN DANS LE POT, AVEC AUTANT D'ATTENTE QU'AMÉLIE DANS SON SAC DE GRAINS. MALHEUREUSEMENT, JE N'AI RÉUSSI QU'À ME BLOQUER LA MAIN DANS LE BOCAL !
LA MAIN TOUJOURS COINCÉE DANS LE BOCAL, J'AI ATTRAPÉ UNE CRÈME CARAMEL DANS LE FRIGO.
PAF

LES FILLES M'ONT REJOINTE DANS LA CUISINE, INTERLOQUÉES.
Tu cuisines?
Oui, oui... enfin, j'essaie!
APRÈS DE NOMBREUX ESSAIS POUR M'AIDER À RETIRER MA MAIN DU POT, MES COPINES M'ONT ANNONCÉ QU'ELLES AVAIENT PRÉVU UNE PETITE ACTIVITÉ SURPRISE.
JE LES CONNAISSAIS, ÇA POUVAIT ÊTRE N'IMPORTE QUOI, D'UN SIMPLE MINI-GOLF À UNE AGRÉABLE JOURNÉE EN SPA. TOUT ÉTAIT POSSIBLE... MÊME SI MA PRÉFÉRENCE ALLAIT À UN MASSAGE AUX PIERRES CHAUDES DANS UN SPA.
?
Prends une tenue confortable et des chaussures que tu peux salir.
JE NE LÂCHAI RIEN POUR LA PISTE DU SPA.
Tu veux dire un maillot de bain?
Nan, je veux dire une tenue dans laquelle tu n'as pas peur de te salir.
Genre pour un bain de boue?
Nan Alice, on ne va pas au spa. C'est... différent.
Ah! Je demandais juste comme ça, quoi...

APRÈS QUINZE MINUTES DE VOITURE, ON EST ARRIVÉES, À MA PLUS GRANDE SURPRISE, DANS UN CLUB DE VOILE.
CLUB DE VOILE
UN PEU ANGOISSÉE, J'APPORTAI UNE PRÉCISION AUX FILLES :
Euh, je sais que je me la pète souvent en disant que j'ai fait du voilier quand j'étais petite, mais je parlais d'un Optimist, hein ?
Ne t'inquiète pas, on n'ira pas en mer !
J'AI SUIVI MES COPINES (DISONS QUE JE N'AVAIS PAS TROP LE CHOIX), SCEPTIQUE, EN ME DEMANDANT CE QU'ELLES AVAIENT MANIGANCÉ ! UN BEAU GOSSE EN COMBINAISON DE SURF EST ALORS VENU À NOTRE RENCONTRE. ÇA COMMENÇAIT À ME PLAIRE !
C'est vous l'EVJF ? C'est qui la future mariée ?
LES FILLES SE SONT ALORS TOURNÉES VERS MOI.
C'est elleeee !

J'ALLAIS ÉVIDEMMENT NIER EN BLOC, MAIS JULIA A SORTI SON REGARD NOIR QUI ME TERRIFIAIT TANT.
Joue le jeu, c'est juste pour rigoler.
OK, mais c'est quoi le jeu ? Un Mölkky ?
Bon, les filles, mettez-vous en tenue ! Vous commencerez seules, chacune avec son char à voile, et, comme promis pour l'offre EVJF, la future mariée aura droit à une petite surprise pour le dernier tour.
JE PASSAI OUTRE CETTE ANNONCE ÉNIGMATIQUE, ET DÉCIDAI PLUTÔT DE CREUSER UN AUTRE POINT TOUT AUSSI ESSENTIEL !
Char à quoi ?
JE ME SUIS ALORS FAIT POUSSER PAR LES COPINES VERS LES VESTIAIRES. S'ENSUIVIT UNE CHORÉGRAPHIE TOUTE PARTICULIÈRE PENDANT LAQUELLE ON A ESSAYÉ DE SE GLISSER AVEC LE PLUS DE GRÂCE POSSIBLE DANS LES COMBINAISONS. ET, POUR PARFAIRE CE LOOK « SO SEXY », ON NOUS A INVITÉES À METTRE UN CASQUE.
EN TANT QUE FUTURE MARIÉE, J'AI EU DROIT AU TUTU À GLISSER AUTOUR DE MA COMBI.

DANS LA VIE, GLOBALEMENT, JE DÉTESTE LA NOUVEAUTÉ !

VOUS AVEZ COMPRIS L'IDÉE ? TOUT CE QUI S'APPROCHE DE PRÈS OU DE LOIN À UN CHANGEMENT ME FAIT PEUR. ALORS, UN COURS DE CHAR À VOILE...
AU DÉBUT, JE CROIS QUE J'AVAIS AUTANT D'ASSURANCE QU'UN ENFANT DE 4 ANS QU'ON LANCE SUR UN VÉLO SANS ROULETTES.
ET PUIS, CHEMIN (ENSABLÉ) FAISANT, J'AI COMMENCÉ À PRENDRE DE LA VITESSE, À M'AMUSER DANS LES VIRAGES, MÊME SI JE NE LES CONTRÔLAIS QUE MOYENNEMENT.
LEÏLA S'EST ALORS MISE À CHANTONNER CE MORCEAU QU'ON AIMAIT TANT : « SOUS LE VENT », DE GAROU ET CÉLINE DION.
J'ai sooorti la grande voile et j'ai glissé sous le veeent C'est comme si je quittais la terre, j'ai trouvé mon étoile, je l'ai suivie un instaaant. Sooouuus le veeeeent...
ON HURLAIT PLUS QU'ON NE CHANTAIT, ON ÉTAIT DANS DU GRAND LÂCHER-PRISE !

COMME PROMIS, MON DERNIER TOUR S'EST TERMINÉ PAR UNE SURPRISE. ALORS QUE STAN M'INVITAIT À LE REJOINDRE SUR SES GENOUX, JE LUI PROPOSAI UN PETIT CHANGEMENT DE PROGRAMME !

APRÈS NOTRE DOSE D'ÉMOTIONS, ON A PASSÉ LE RESTE DE LA JOURNÉE À FAIRE CE DONT ON RÊVAIT TOUTES : RIEN DU TOUT. ON S'EST SIMPLEMENT LAISSÉ GUIDER PAR LE RYTHME DES REPAS : DÉJEUNER, GOÛTER, APÉRO, ET NATURELLEMENT DÎNER, CONSTITUÉ EN TOUTE SIMPLICITÉ D'UN PLATEAU DE FRUITS DE MER.
À 22 H 30, JULIA A PROPOSÉ QUELQUE CHOSE D'ASSEZ INCONCEVABLE...
Bon, les meufs, j'ai regardé, y a une nouvelle petite boîte à 10 kilomètres qui a de super avis Google.
Ah nan ! moi, je suis crevée, je vais pas en boîte ! Ça doit faire dix ans que j'y suis pas allée !
Bah oui, c'est l'idée !
JE NE SAIS PAS SI C'ÉTAIT L'ADRÉNALINE DU COURS DE CHAR À VOILE QUI PARLAIT, MAIS JE DÉCIDAI POUR UNE FOIS D'ENCOURAGER CETTE IDÉE !
Mais oui, Juju a raison. De toute façon, on peut toujours y faire un tour, et si ça nous plaît pas on rentre.
Oui, et puis ce sera l'occasion de danser !
Ok, Ok, mais je vous préviens tout de suite, je ne fais pas de Macarena !

ON S'EST POMPONNÉES AVEC AUTANT « D'APPLICATION » QUE POUR NOS SOIRÉES ÉTUDIANTES.
JULIA AVAIT PRÉVU LE COUP : ELLE AVAIT APPORTÉ TOUTE UNE VALISE DE FRINGUES, ET ELLE A BON GOÛT !
On est sur du glam chic, là, ou sur du poupouffe ?
Du glam chic poupouffe, je dirais !
Mais nan, c'est parfait ! Ce soir, on est qui on veut. En plus, on a peu de chances de croiser quelqu'un qu'on connaît, ha, ha !
UNE FOIS LES FILLES ET MOI ARRIVÉES SUR PLACE, UN PREMIER CONSTAT S'EST IMPOSÉ.
Euh ! on n'est pas un peu overdressed, là, les filles ?
On est parfaites !

EN TOUT CAS, LA POPULATION ATTENDUE D'UNE BOÎTE DE STATION BALNÉAIRE ÉTAIT BIEN PRÉSENTE :
CEUX QU'ON DEVINAIT ÊTRE LES HABITUÉS...
... CEUX DONT ON DEVINAIT QU'ILS FEIGNAIENT D'AVOIR 18 ANS...
... SANS OUBLIER LA PLAYLIST DES ANNÉES 2000.
Tu oublieraaas
Tous ces jours,
Tout ce temps
Qui n'appartenait qu'à nous
LARUSO ÉTAIT PARMI NOUS !
DE LÀ, ON NE QUITTA PLUS LE DANCEFLOOR PENDANT PRÈS DE DEUX HEURES. UN VRAI DÉFOULOIR !

BIEN SÛR, IL A FALLU S'HYDRATER.
Le barman me dit trop quelque chose ! Pas à vous ?
Bah nan ! Il est pas glam glam lol !
Oh ! arrêtez, le pauvre garçon ! Je suis certaine qu'il devait avoir du charme, jeune !
P'tain ! C'est Thomas ! Ma première pelle !
LES FILLES M'ONT CHARRIÉE TOUTE LA SOIRÉE. MOI, J'AI FAIT EN SORTE D'ÉVITER LE BAR !

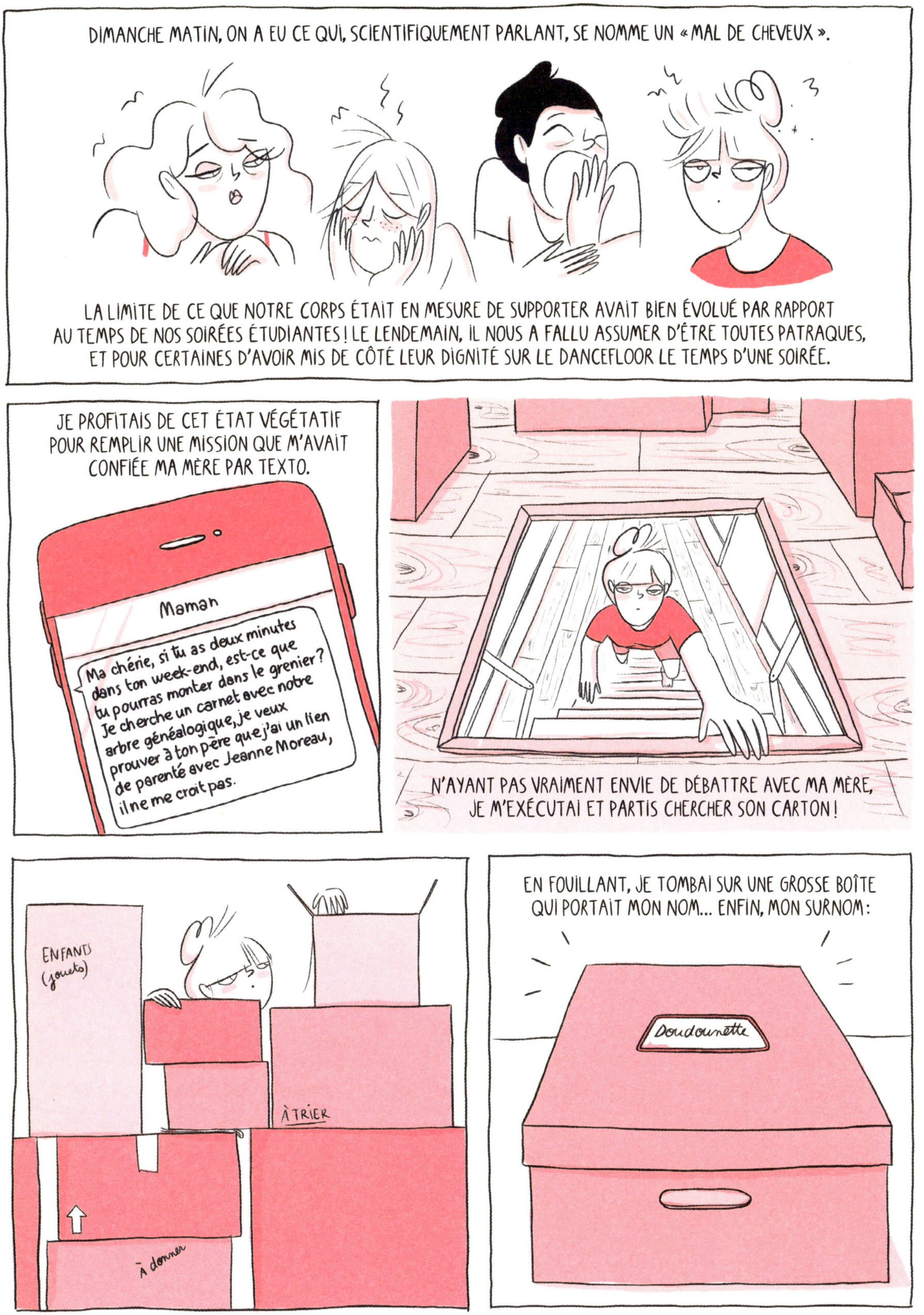

DIMANCHE MATIN, ON A EU CE QUI, SCIENTIFIQUEMENT PARLANT, SE NOMME UN « MAL DE CHEVEUX ».
LA LIMITE DE CE QUE NOTRE CORPS ÉTAIT EN MESURE DE SUPPORTER AVAIT BIEN ÉVOLUÉ PAR RAPPORT AU TEMPS DE NOS SOIRÉES ÉTUDIANTES ! LE LENDEMAIN, IL NOUS A FALLU ASSUMER D'ÊTRE TOUTES PATRAQUES, ET POUR CERTAINES D'AVOIR MIS DE CÔTÉ LEUR DIGNITÉ SUR LE DANCEFLOOR LE TEMPS D'UNE SOIRÉE.
JE PROFITAIS DE CET ÉTAT VÉGÉTATIF POUR REMPLIR UNE MISSION QUE M'AVAIT CONFIÉE MA MÈRE PAR TEXTO.
Maman
Ma chérie, si tu as deux minutes dans ton week-end, est-ce que tu pourras monter dans le grenier? Je cherche un carnet avec notre arbre généalogique, je veux prouver à ton père que j'ai un lien de parenté avec Jeanne Moreau, il ne me croit pas.
N'AYANT PAS VRAIMENT ENVIE DE DÉBATTRE AVEC MA MÈRE, JE M'EXÉCUTAI ET PARTIS CHERCHER SON CARTON !
ENFANTS (jouets)
À TRIER
À donner
EN FOUILLANT, JE TOMBAI SUR UNE GROSSE BOÎTE QUI PORTAIT MON NOM... ENFIN, MON SURNOM :
Doudounette

C'ÉTAIT COMME UNE INVITATION À FAIRE UN SAUT DANS LE PASSÉ... CE CARTON CONTENAIT TOUT CE QUE J'AVAIS INTERDIT À MA MÈRE DE JETER. TOUS MES TRÉSORS DE VACANCES, RÉCOLTÉS AU FIL DES ANNÉES :
mes « Picsou Magazine »
PICSOU MAGAZINE
les BD que j'adorais créer et dessiner au fil des étés
les cartes postales échangées pendant les vacances
mes médailles de natation
1
Salut Alice!
le Club des Simone
Je retombai surtout sur un tee-shirt que l'on s'était fait avec des copines, LE CLUB DES SIMONE. On avait créé toute une charte féministe et on veillait au grain dans la cour de récréation.
AU FOND DE LA BOÎTE, J'AI DÉCOUVERT UN PAPIER CORNÉ.

LA LISTE DE MES ENVIES
1. APPRENDRE À FAIRE UN OLLIE EN SKATEBOARD
2. VIVRE AVEC UN AVENTURIER POUR TOUJOURS VIBRER À SES CÔTÉS
3. FAIRE UN ONE WOMAN SHOW
4. FAIRE UN TOUR D'EUROPE EN VAN
5. REPRODUIRE LA CHORÉGRAPHIE DE « DIRTY DANCING »
6. PUBLIER MES DESSINS
7. CONTINUER NOTRE ACTION AUPRÈS DES FEMMES AVEC LE CLUB DES SIMONE
8. PARTIR EN MISSION HUMANITAIRE DANS LES PAS DE LADY DI
9. GRIMPER LE KILIMANDJARO !
10. VIVRE DANS UNE MAISON AU BORD DE L'OCÉAN (AVEC VUE SUR LES SURFEURS)
« Crois en toi, deviens le genre de personne avec qui tu seras heureuse de vivre toute ta vie »
Golda Meir
Ah ! ça, je l'ai fait !
EN EFFET, J'AVAIS DANS MA PRIME JEUNESSE FAIT L'ASCENSION DU KILI, COMME L'APPELLENT CEUX QUI L'ONT CÔTOYÉ UN TEMPS.
J'EXPLOSAIS DE RIRE À CETTE LIGNE : SI ANTOINE ÉTAIT BOURRÉ DE QUALITÉS, IL ÉTAIT LOIN DE COCHER LA CASE DE L'AVENTURIER (MAIS J'Y REVIENDRAI).
AAHA HAHA
CETTE LISTE ÉTAIT PONCTUÉE D'UN GENRE DE MANTRA, OU PLUTÔT D'UN OBJECTIF DE VIE #MAPHILOSOPHIE

MÊME SI JE DOIS AVOUER QUE L'ÉTAT D'AVANCEMENT DES PROJETS DE CETTE LISTE ÉTAIT GLOBALEMENT NUL, LA LIRE, C'ÉTAIT UN PEU COMME DÉCOUVRIR UNE LETTRE ÉCRITE AU PÈRE NOËL. DES ENVIES À GOGO, AUCUNE LIMITE DANS LES RÊVES, LA CROYANCE QUE TOUT EST POSSIBLE ET UNE EXCITATION MAXIMALE. À TRAVERS MON ANCIEN REGARD D'ADOLESCENTE, JE (RE)DÉCOUVRAIS QUE LE CHAMP DES POSSIBLES ÉTAIT ENCORE VASTE.
LA LECTURE DE CES PROJETS RALLUMAIT EN MOI LA FLAMME. JE SENTAIS QUE JE POUVAIS RENOUER AVEC MES ENVIES ET, QUI SAIT, RETROUVER « L'ENVIE D'AVOIR ENVIE » !

Aliceee ! tu descends ?! On va se choper un déj de lendemain de cuite pour éponger.
L'APPEL DES FILLES (ET LE CRI DE MON ESTOMAC) ME RAPPELAI À LA RÉALITÉ.

AVEC LES FILLES, ON A DÉCIDÉ DE SE FAIRE CE DERNIER DÉJEUNER DANS LE JARDIN !

Oh mon Dieu…
… y a Thomas, ma première pelle, qui m'invite sur Facebook !
DE RETOUR À LA MAISON, JE TRÉPIGNAIS À L'IDÉE D'EMBRASSER MA TROUPE, QUI M'AVAIT BIEN MANQUÉ ! LAURE ET CLÉMENCE M'ONT INONDÉE DE QUESTIONS POUR SAVOIR CE QUE J'AVAIS FAIT AVEC « LES FILLES », COMME ELLES LES APPELAIENT !
Tu as mangé quoi ?
Tu as regardé des dessins animés ?
T'as fait un mini-golf ?
Tu nous as ramené des coquillages ?

LA LISTE DE MES ENVIES
LA LISTE DE MES ENVIES, TROUVÉE DANS LE GRENIER, EST ALORS TOMBÉE DE LA POCHE DE MON JEAN. J'AI SENTI LA PETITE FLAMME INTÉRIEURE CRÉPITER DE NOUVEAU. JE ME SUIS LEVÉE, J'AI ESCALADÉ LE BUREAU DE NOTRE CHAMBRE ET, COMME DANS « LE CERCLE DES POÈTES DISPARUS », J'AI CRIÉ :
Et puis FUCK, ON N'A QU'UNE VIE!

DEUXIÈME PARTIE

# J'irai AU BOUT de mes rêves*

* JEAN-JACQUES GOLDMAN

J'ÉTAIS « DÉTER » À BOUCLER CETTE LISTE AUSSI VITE QU'UN NOUVEAU ROMAN DE VIRGINIE GRIMALDI.
À nous deux !
EN FILLE ORGANISÉE, J'ATTAQUAI... LE POINT NUMÉRO 1. DE VOUS À MOI, C'ÉTAIT AUSSI CELUI QUI IMPLIQUAIT DE NOUVEAUX ACHATS MODE :
LA LISTE DE MES ENV
1. APPRENDRE À FAIRE UN OLLIE EN SKATEBOARD
2. VIVRE AVEC UN AVENTURIER POUR TOUJOURS VIBRER À SES CÔT
FAIRE UN ONE WOMAN SHO
IL ME FALLAIT TOUT L'ATTIRAIL DE SKATEUSE, MAIS AUSSI ET SURTOUT UN SKATE !
DIIING DOOONG
Yo, elle veut quoi ?
OUI, QUENTIN PARLAIT SOUVENT À LA TROISIÈME PERSONNE. IL DEVAIT PENSER QUE ÇA LUI DONNAIT DE LA CONTENANCE. JE DÉCIDAI DONC DE PARLER SA LANGUE.

J'EN AI CONCLU QU'IL ÉTAIT PARTANT, ET SUIS REPARTIE AVEC UNE PLANCHE À ROULETTES.
SUR UNE PAUSE DÉJEUNER DE TÉLÉTRAVAIL, JE SENTIS QUE C'ÉTAIT LE MOMENT D'APPRIVOISER CET ENGIN !

JE N'AVAIS PAS TESTÉ MA CAPACITÉ D'ÉQUILIBRE DEPUIS MES COURS D'EPS DE SIXIÈME, QUAND J'AVAIS DÛ ENJAMBER UN CHEVAL D'ARÇON ET QUE J'ÉTAIS RESTÉE BLOQUÉE AU MILIEU, JAMBES ÉCARTÉES, DEVANT TOUTES LES FILLES DE MA CLASSE.

JE RENTRAI DE MA PREMIÈRE SÉANCE TOUTE ENDOLORIE PAR LES CHUTES À RÉPÉTITION, MAIS JE CROIS QUE C'ÉTAIT MON EGO QUI ME FAISAIT LE PLUS MAL...

… SURTOUT QUAND JE PENSAIS À CETTE GAMINE, AU SKATEPARC, QUI AVAIT GENTIMENT TENTÉ DE ME DONNER UN COURS EN ME GRATIFIANT À CHAQUE PHRASE D'UN « MADAME ».
Vous êtes plutôt goofy ou regular, M'dame ?
Plutôt médium, c'est selon la marque.
Goofy, c'est le pied droit qui reste sur la planche et le pied gauche qui pousse. Regular, c'est l'inverse, le pied gauche qui reste sur la planche et le pied droit qui pousse. Mais vous, on dirait que c'est ni l'un ni l'autre !
Ne m'appelle pas Madame, je pense qu'on n'a pas un si gros écart d'âge. Regarde, on a le même tee-shirt.
Bah, j'ai 12 ans, Madame !
…
Ah ! oui bon, un petit écart…

À PEINE ARRIVÉE À LA MAISON, J'AI ÉTÉ INTERROGÉE PAR ANTOINE SUR MON NOUVEAU LOOK, ET IL A COMMENCÉ À CHANTONNER « SK8ER BOI », D'AVRIL LAVIGNE, EN CHANGEANT LE « BOY » PAR « GIRL ». TEAM CRÉATIF !
She was a skater girl He said, "see you later girl"
JE DÉCIDAI D'IGNORER SA MOQUERIE ET D'ALLER DANS LA SALLE DE BAINS PANSER MES BLESSURES AU MERCUROCHROME AVEC LE PEU DE DIGNITÉ QUI ME RESTAIT. ALORS QUE J'ÉTAIS SOUS LA DOUCHE, M'EST REVENU LE DEUXIÈME POINT DE MA LISTE...
2. VIVRE AVEC UN AVENTURIER POUR TOUJOURS VIBRER À SES CÔTÉS
3.
IL EST VRAI QU'AVEC ANTOINE, QUAND ON S'EST RENCONTRÉS, ÇA A TOUT DE SUITE FAIT DES ÉTINCELLES. SUR L'ÉCHELLE DE RICHTER, ÇA TREMBLAIT À 8, PARFOIS 9. ÇA A ÉTÉ CE QU'ON APPELLE COMMUNÉMENT UN COUP DE FOUDRE. JE TERMINAIS SES PHRASES, IL TERMINAIT LES MIENNES.
Salut...
... ça va ?
C'ÉTAIT COMPLÈTEMENT FOU !
ON DISCUTAIT TOUTE LA NUIT DE TOUT, DE RIEN, LE TEMPS FILAIT. C'ÉTAIT CE GENRE D'ÉVIDENCE OÙ L'ON NE POUVAIT QUE FONDRE (UN PEU COMME DEVANT UN MOELLEUX AU CHOCOLAT).

ANTOINE N'ÉTAIT PAS UN AVENTURIER AU SENS PROPRE DU TERME, MAIS IL ARRIVAIT À PIMENTER NOTRE QUOTIDIEN AVEC DE PETITES ATTENTIONS GRÂCE À SON IMAGINATION DÉBORDANTE.
POMPIER
69
BON, C'EST SÛR QUE, POUR LUI COMME POUR MOI, LE TEMPS A QUELQUE PEU TARI NOTRE SOIF D'AVENTURE.
On se fait une soirée un peu pimentée ?
Tellement !
Tu penses à ce que je pense ?
Évidemment !
TAKEN

PARFOIS, ET MÊME SOUVENT, DES MOTS PLUS HAUTS QUE D'AUTRES ÉTAIENT PRONONCÉS.
Tu sais Antoine, je ne suis pas venue sur terre dans le but ultime de te faire chier !
Ah non ?
Non... pas à temps plein, en tout cas !
JE SENTAIS BIEN QUE, DANS SON REGARD, LA JEUNE FEMME PÉTILLANTE QU'IL AVAIT RENCONTRÉE S'ÉTAIT PETIT À PETIT TRANSFORMÉE EN UNE MADAME LOGISTIQUE QUI N'ÉTAIT LÀ QUE POUR L'EMMERDER OU PRESQUE.
On se dit quoi pour le lave-vaisselle, Antoine ? On attend la venue des lutins magiques qui vont le vider pendant la nuit, c'est ça ? Tu leur mettras des cookies comme au père Noël ?
FRANCHEMENT, JE NE ME COMPLAISAIS PAS DANS CE RÔLE. JE VOULAIS QU'ON SE FASSE RÊVER ET FANTASMER DE NOUVEAU L'UN L'AUTRE.
ON AVAIT POURTANT DÉPASSÉ TOUTES LES LIMITES, MÊME CELLES QUE JE M'ÉTAIS PROMIS DE NE JAMAIS FRANCHIR...
MAIS ON NE SE JETAIT PAS LA PIERRE. C'ÉTAIT NORMAL, APRÈS TOUT. C'EST CE QU'ON APPELLE LA VIE DE COUPLE, JE CROIS. LA ROUTINE ÉTAIT PASSÉE PAR LÀ.

JE ME LANÇAI MALGRÉ TOUT DANS UN BILAN SISMIQUE POUR ÉTUDIER LA MAGNITUDE DE NOTRE PASSION. EN FILLE (PARFOIS) ORGANISÉE, J'AI DRESSÉ UN GENRE DE CHECK-LIST RÉPERTORIANT QUELQUES INDICATEURS CLÉS.
☐ INTERACTIONS PHYSIQUES : CE MATIN AU PETIT DÉJEUNER ANTOINE M'A EFFLEURÉ LA MAIN. MAIS JE CROIS QUE C'ÉTAIT UNE ERREUR : EN FAIT, IL VOULAIT JUSTE ATTRAPER LE BEURRE.
POUR CE QUI EST DES ADIEUX DU MATIN, IL EST VRAI QU'AVEC LE TEMPS NOS LONGS CÂLINS AVANT D'ALLER AU TRAVAIL AVAIENT LAISSÉ PLACE À UN RITUEL PLUS... EFFICACE.
COMMUNICATION VERBALE SMS (CAR, OUI, LES SMS ÉTAIENT DEVENUS NOTRE MOYEN DE COMMUNICATION NUMÉRO 1).
je vais pas tarder à aller me coucher!
je vais pas tarder à aller me coucher
Ok bonne nuit ma chérie!

NOS SÉANCES DE TEXTING AVAIENT AUSSI PRIS UNE TOURNURE PLUS LOGISTIQUE. AVANT, ON EFFLEURAIT LA « COQUINERIE ». AUJOURD'HUI, ON A CARRÉMENT VERSÉ DANS LE PRATICO-PRATIQUE...
LA VIE D'AVANT :
Antoine
Si tu passes par la pharmacie, prends du gel lubrifiant...
MAINTENANT :
10:08
Antoine
Si tu passes par la pharmacie, fais le plein de laxatifs, Laure n'a pas fait caca depuis 3 jours. Je t'ai envoyé la photo de ses dernières selles pour montrer à la pharmacienne.
J'AI DÉCIDÉ DE NE PAS ME LAISSER ABATTRE, DE LANCER UN PLAN DE RECONQUÊTE À GRANDE ÉCHELLE :
LES GRANDS TRAVAUX D'ALICE
OUI, JE POUVAIS (R)ALLUMER LE FEU ! IL RESTAIT FORCÉMENT QUELQUES BRAISES, ET MES COURTES ANNÉES DE SCOUTISME M'AVAIENT APPRIS À RELEVER CE TYPE DE CHALLENGE.
J'ATTAQUAI DONC LÀ OÙ TOUT SE PASSE : LE LIT (AUSSI PARCE QU'IL ÉTAIT 22 HEURES). J'ALLAIS ÉVIDEMMENT M'Y PRENDRE EN DOUCEUR, ET ÉVITER DE ME JETER SUR LUI COMME UNE VÉGANE SUR UNE TRANCHE DE RACLETTE APRÈS SIX MOIS D'ABSTINENCE...

JE MIS DONC LE DOSSIER SEXO DE CÔTÉ POUR ME FOCALISER SUR LE « RITUEL D'ENDORMISSEMENT ».
SI NAGUÈRE NOUS NOUS ENDORMIONS EN CUILLÈRE, BRAVANT LES FOURMIS DANS LES BRAS POUR LE SIMPLE PLAISIR DE SE SENTIR PROCHES L'UN DE L'AUTRE, ON ÉTAIT AUJOURD'HUI PLUS PROCHE DE LA LIGNE MAGINOT.
Je fais 1,80 mètre, et toi 1,59... je ne vois toujours pas pourquoi on ne fait pas un ratio pour le partage de la couette plutôt que cet arbitraire 50-50.
Je n'y peux rien, chéri, ce n'est pas moi qui suis à l'origine du règlement intérieur des espaces de sommeil.
IL EST VRAI QUE, POUR SA DÉFENSE, JE N'ENVOYAIS PAS TOUJOURS LES BONS SIGNAUX...
J'ÉTAIS BEL ET BIEN DÉCIDÉE À « RECRÉER DU LIEN », COMME ILS DISENT, ET CE AVEC TOUTE LA FINESSE QUI ME CARACTÉRISE.

Tourne-toi.
Pourquoi ? Qu'est-ce qui t'arrive ?
Mais tourne-toi p'tain !
Ne bouge pas !
RON PCHH
ROOON
PSCHH
Aaaaahhh

ROOON
PCHHHHH

APRÈS CET ÉCHEC QUELQUE PEU CUISANT, JE TENTAI UNE AUTRE APPROCHE. PLUS FRONTALE.
JE DÉCIDAIS DE REPIMPER NOS EMBRASSADES AU MOMENT DE SE QUITTER LE MATIN POUR LE BOULOT.
J'AVAIS BOSSÉ MON DOSS : JE M'ÉTAIS VISIONNÉ TOUS LES PLUS GRANDS ROULAGES DE PELLE DU CINÉMA, DE RYAN GOSLING ET CAREY MULLIGAN DANS « DRIVE » À LÉO ET KATE DANS « TITANIC ».
JE M'APPROCHAI D'ANTOINE AVEC AUTANT DE BESTIALITÉ QUE SHARON STONE DANS « BASIC INSTINCT ».
Les filles, allez mettre vos chaussures !
Mais mamannn !
Tout de suite !
La scène qui va suivre est interdite aux moins de 18 ans.
Bonne journée, my love.
Mais, Alice...
Chut... restons sur ce moment !
Mais... tu as oublié les filles !
Ah oui ! Les filles, on y va !

ARGH, QU'IL EST DIFFICILE DE LUTTER CONTRE CE QUOTIDIEN, DE NE PAS LAISSER RONRONNER LA MACHINE. AVEC ANTOINE, ON S'AIME FORT, IL N'Y A AUCUN DOUTE. MÊME LES JOURS OÙ IL M'AGACE, JE L'AIME.
APRÈS TOUT, IL Y AVAIT AUSSI EU DU GRABUGE ET DES TENSIONS DANS TOUS LES COUPLES MYTHIQUES DU CINÉMA : ROSE ET KAYE DANS « TITANIC », MARK DARCY ET BRIDGET JONES DANS LE FILM ÉPONYME, VIVIAN ET EDWARD DANS « PRETTY WOMAN », ET BELLA ET EDWARD DANS « TWILLIGHT »...
Tu me CHIES dans les BOTTES
ÉTRANGEMENT, CETTE PENSÉE M'APAISE DANS 95 % DES CAS.
?
MAIS JE NE VEUX PAS DÉCEVOIR CETTE ADOLESCENTE QUI RÊVAIT D'UNE VIE PLEINE DE PASSION.
ET JE PARLE AUTANT DE LA VIE DE COUPLE QUE DE MA TENTATIVE DE SKATE. IL ÉTAIT DONC TEMPS DE M'ATTAQUER AU POINT SUIVANT DE MA LISTE :
APPRENDRE À FAIRE
EN SKATEBOARD
2. VIVRE AVEC UN AVENTURIER
POUR TOUJOURS VIBRER À SES CÔTÉS
3. FAIRE UN ONE WOMAN SHOW
FAIRE UN TOUR D'EUROPE EN VAN
CHORÉGRAPH
Il est vrai, en toute modestie, que je cultive depuis ma plus tendre enfance un certain sens de l'humour. Le rire, pour moi, c'est le sel de la vie !

IL M'A ACCOMPAGNÉE À CHAQUE ÉTAPE DE MA LIFE.

IMAGÉ D'ABORD...

... PLUS SUBTIL
ET RECHERCHÉ ENSUITE...

... PARFOIS EMPRUNTÉ,
JE DOIS L'AVOUER
(À « LA CITÉ DE LA PEUR »,
PAR EXEMPLE)...

... PUIS TRÈS « PÉRINÉAL »
DEPUIS L'ARRIVÉE DES FILLES.

MA VIE ÉTAIT JALONNÉE D'HUMOUR, PARFOIS SOLITAIRE...

POUR HONORER MA LISTE, J'ÉTUDIAI DONC LA POSSIBILITÉ QU'UNE CARRIÈRE VOIE LE JOUR.

J'AVAIS ÉVIDEMMENT POTASSÉ EN AMONT DEVANT LA SÉRIE « DRÔLE », SUR LE MONDE DU STAND-UP.

JE M'INTERROGEAI. ET QUAND JE M'INTERROGE, JE VAIS VOIR MA MÈRE, QUI M'ÉCOUTE SANS JAMAIS ME JUGER.
Ça va pas, ma chérie ? Tu as l'air soucieuse.
Si, si, ça va, mais c'est cette liste...
Encore cette to-do list qui te mène la vie dure ?
Celle-là aussi, mais là c'est une autre liste...
J'EXPLIQUAI À MA MÈRE MES DERNIÈRES AVENTURES, LA DÉCOUVERTE DE MA LISTE DE RÊVES ET MES EXPÉRIENCES, QUI AVAIENT MIS EN LUMIÈRE MON QUOTIDIEN QUELQUE PEU RONRONNANT ET, SURTOUT, MON ENVIE DE RALLUMER LA FLAMME, DE RETROUVER LA PASSION QUI SEMBLAIT NOURRIR LA VIE DE CETTE ADO !
Je te trouve très dure avec toi-même !
Ah oui ?
Oui, regarde déjà tout ce que tu as accompli. Tu as un métier dans lequel tu t'es fait une place.
Oui, c'est vrai, c'est pas rien.
Tu es parvenue à prendre soin de ta famille alors que les derniers temps n'ont pas été tendres.
Effectivement, ces dernières années, la vie a été plutôt... challenging !

SCÈNE DE COUPLE
DE CONFINEMENT J + 72.
C'est à mon tour, je te dis.
Bon, OK, mais j'irai demain.
?
Bah, sait-on jamais, si je croise quelqu'un.
Tu peux être fière de toi, ma chérie. Et puis, dis-toi que, même si l'un des rêves de cette petite fille était de faire une figure en skate ou de devenir humoriste, tes envies ont forcément évolué aujourd'hui. Qu'est-ce que la femme que tu es devenue a vraiment envie d'accomplir ? Qu'est-ce qui te donne envie de te lever le matin ?
À part le petit déjeuner, tu veux dire ?
Oui, à part le petit déjeuner, ma chérie.

CHACUN <u>sa</u> route,
CHACUN <u>son</u> chemin*

* TONTON DAVID

COMME ME L'A CONSEILLÉ CE MAÎTRE DE SAGESSE QU'EST MA MÈRE, JE DÉCIDAI DE ME POSER POUR RÉFLÉCHIR À UNE NOUVELLE LISTE, ET RÉUNIS TOUTES LES CONDITIONS NÉCESSAIRES À CETTE GYMNASTIQUE NEURONALE.
NE PAS DÉRANGER, JE MORDS
JE COMMENÇAI À GRIFFONNER, OU PLUTÔT À DESSINER. C'EST CE QUE JE FAIS PAR RÉFLEXE.
LA LISTE DE MES ENVIES -Alice- *LE RETOUR*
J'AVAIS L'IMPRESSION DE PONDRE UN NOUVEL ÉPISODE DE « STAR WARS ». MAIS, MALGRÉ CE TITRE ATTRAYANT, MA LISTE EST RESTÉE VIDE. DÉSESPÉRÉMENT VIDE.
COMME DANS TOUTES LES PÉRIODES UN PEU CHALLENGING DE MA VIE, JE DÉCIDAI DE ME RABATTRE SUR CE QUI M'OXYGÉNERAIT À COUP SÛR, MON TERRAIN DÉFOULOIR, MA SOURCE D'INSPIRATION : LES SOIRÉES FILLES.
Bah alors, Alice, t'as lâché ton look baggy ?
Oui, oui, faites comme Antoine, foutez-vous de moi ! C'est juste que, lors de notre week-end, je suis tombée sur une liste que j'avais faite, ado, des choses que je devais absolument accomplir dans la vie. Du coup, je m'y suis collée !
Fais voir. Ah oui, c'est une « bucket list » !
Une « fuck it » quoi ?
Pas « fuck it », mais « bucket ». Tu dresses la liste de tout ce que tu as envie de réaliser avant de mourir !

Ah ! Et ça explique ton look improbable de skateuse ?
Bah, ouais
Et ce nouveau sac à dos hideux ?
Non, ça, c'est un achat coup de cœur.
Bon, et alors, ça a donné quoi, cette liste ?
Tout ce que j'ai essayé a plus ou moins capoté. En fait, mes envies ont dû évoluer et je devrais faire une autre liste, mais quand j'ai voulu m'y coller, c'était la panne sèche ! Vous avez déjà pensé à faire ce type d'exercice ?
Ouh ! là, là ! pas du tout. Moi, je suis plus de la team « carpe diem », tu sais. J'ai déjà un passé compliqué, un présent pas si simple, alors si en plus je dois me prendre la tête avec le futur, je suis pas rendue !
Comme nous toutes, cela va sans dire.
Moi, j'en ai une, ou plutôt un rêve depuis toujours : faire un voyage, toute seule, sac au dos en Inde. Et bien sûr aussi, la paix dans le monde... pour le karma.
Si on est dans le registre des rêves, moi je veux ma maison au bord de l'océan et choper le 06 de François Civil. Quand j'étais ado, une voyante m'a prédit que l'homme de ma vie s'appellerait François ou Hugues, elle n'était pas certaine.
Ça doit faire plaisir à Olivier, ça, ha, ha !
Bon, en tout cas, de la paix dans le monde à la maison sur l'océan avec François Civil, vous savez ce que vous voulez, vous ! Moi, c'est la page blanche !

Imagine : demain, je te donne sept boules de cristal, t'en fais quoi ?
De la déco pour mon appart ?
Tu ne confonds pas avec la lampe d'Aladin, Leïla ?
Ah oui, pardon ! Mais je veux dire, tu aurais envie de quoi, là, si tout était possible, en mode no limit ?
Franchement, je ne sais pas trop.
Alors, si tu préfères, réfléchis à qui tu admires. Est-ce qu'il y a une personne à qui tu voudrais ressembler ? Ou que tu envies secrètement ?
Laetitia Casta ?
C'est vrai qu'elle est sublime !
LA CONVERSATION A DÉVIÉ SUR LE VOLUME CAPILLAIRE DE LAETITIA ET SUR COMMENT PARVENIR À UNE TELLE TENUE AVEC DES CHEVEUX FINS ET FILASSES COMME LES MIENS.
SUR LE CHEMIN DU RETOUR, JE REPENSAI À LA DISCUSSION AVEC LES FILLES AUTOUR DE LA « BUCKET LIST », ET LES QUESTIONS SE SONT BOUSCULÉES DANS MA TÊTE.
?
DE QUOI JE RÊVAIS ? DANS LA PEAU DE QUI EST-CE QUE J'AIMERAIS ME GLISSER ?

ET C'EST LÀ QUE JE L'AI VU. AU PIED DE MON IMMEUBLE.

AU PREMIER REGARD, J'AI SU QUE C'ÉTAIT LUI. QU'ON ÉTAIT FAITS POUR FAIRE UN BOUT DE ROUTE ENSEMBLE...

LE GENRE DE COUP DE FOUDRE QUI NE TROMPE PAS. MON CŒUR QUI BAT LA CHAMADE, MES MAINS QUI DEVIENNENT MOITES. IL EST SI BEAU. JE ROUGIS.

L'AIR DE RIEN, JE M'AVANCE POUR MIEUX ADMIRER SES COURBES DÉLICATES.
JE NE PEUX M'EMPÊCHER DE LE TOUCHER.
Tu es si beau! J'ai toujours rêvé d'en avoir un comme toi! C'est quoi, ton petit nom? Évidemment, tu ne vas pas me répondre.
VAN, VIS & DEVIENS

ALORS QUE J'ADMIRAIS SES LIGNES, JE REMARQUAI UN PETIT PAPIER COLLÉ SUR LE PARE-BRISE :
JE SUIS À LOUER
Pour un évé ment ou un week-en je serai un formidable mpagnon de route! Conta -moi.
06 12 34 56

MÊME SI JE N'AVAIS ACTUELLEMENT AUCUN BESOIN D'UN VAN, JE PRIS LA NOTE EN PHOTO, AVANT DE FONCER REJOINDRE MA FAMILLE.
MALGRÉ L'HEURE TARDIVE À LAQUELLE JE RENTRAI, ANTOINE, TOUT SOURIRE, M'ATTENDAIT DANS LE SALON. IL AVAIT FAIT LA VAISSELLE, UNE TÂCHE QUI COMPTAIT DOUBLE DANS NOTRE SYSTÈME DE BONS POINTS À LA MAISON. IL DEVAIT Y AVOIR BALEINE SOUS GRAVILLON.
C'était bien ta soirée, ma chérie? Tu es détendue?
Oui, oui, ça va, pourquoi?
Bon, avant de te braquer, sache que je n'ai pas eu trop le choix... C'est un peu un cas de force majeure.
PLUS ANTOINE S'EMBOURBAIT, PLUS JE FLIPPAIS.
Bon viens-en au fait, là! Tu as résilié notre abonnement Netflix, c'est ça?
Hein? Nan, pourquoi?
Ah bon! Rien de trop grave, alors!

Euh… ravi que tu le prennes comme ça ! Non… En fait, ma mère va faire des travaux de tuyauterie dans son appartement, ça commence dans deux semaines.
DÉCIDANT DE REJOINDRE LA TEAM DÉNI, JE FEIGNIS DE NE PAS VOIR OÙ ANTOINE VOULAIT EN VENIR.
Ah, OK. Du coup, elle va dormir chez ta tante ?
Nan, c'est trop loin de chez elle.
Chez ton frère ?
Nan, tu sais, c'est toujours un peu compliqué entre eux.
Chez un voisin, alors ?
Alice, arrête, tu es une femme intelligente, tu sais très bien ce que je vais te dire…
La flatterie ne te mènera nulle part, Antoine.
Et, oui, je le sais bien, mais j'essaye de retarder au maximum cette annonce.
… donc, on s'est dit que ça pourrait être fun qu'elle vienne vivre à la maison une semaine…

… et en plus elle s'occupera des filles pour la sortie de l'école.
On ne doit pas avoir la même notion du fun, Antoine.
TOUSSE TOUSSE
Fils à maman
TOUSSE
Bon, Alice, tu arrêtes de faire ta gamine ?
Ça va, Antoine Camille Gilbert, un peu d'humour n'a jamais tué personne. Je dis juste qu'on va être serrés dans l'appartement.
On en parle demain, quand tu ne feras plus ta relou ! De toute façon, je ne laisserai pas ma mère à la rue.
Bien sûr que non, Antoine, mais je pensais qu'à son âge elle aurait peut-être été mieux à l'hôtel, avec tout le confort. De toute façon, c'est d'accord, sinon tu vas me faire passer pour une ingrate.
TAP TAP
À : Maman
Alice se réjouit de t'accueillir. On s'appelle vite pour les détails. Bisous

LE LENDEMAIN MATIN, JE ME SUIS RÉVEILLÉE APRÈS UN SOMMEIL AGITÉ. JE ME RAPPELAIS VAGUEMENT QUE QUELQUE CHOSE M'AVAIT CONTRARIÉE LA VEILLE...
GRAT' GRAT'
Mamannn, papa dit que Mamita va venir vivre à la maison.
ÇA Y EST, ÇA M'EST REVENU AUSSI VIOLEMMENT QU'UNE ÉPILATION DU MAILLOT.
Pas « vivre », les filles, passer quelques nuits, juste ce qui est nécessaire, pas plus. Hein chéri ?
PUIS, ALORS QUE LES FILLES ME RACONTAIENT LEURS RÊVES DE LA NUIT...
J'ai rêvé du père Noël, il m'apportait tout ce que je voulais.
Moi, j'ai rêvé de toi, maman.
... JE ME SUIS RAPPELÉ LE MIEN. J'ÉTAIS SUR UNE ROUTE, DANS LE VAN QUI ÉTAIT GARÉ EN BAS DE CHEZ NOUS.
ET LÀ, SOUDAIN, J'AI ÉTÉ FRAPPÉE D'UNE FULGURANCE AUSSI PUISSANTE QUE CELLE QUI DEVAIT AVOIR TOUCHÉ L'INVENTEUR OU L'INVENTRICE DE LA CULOTTE MENSTRUELLE. C'ÉTAIT GROS, MAIS JE ME DEVAIS DE TENTER LE COUP.

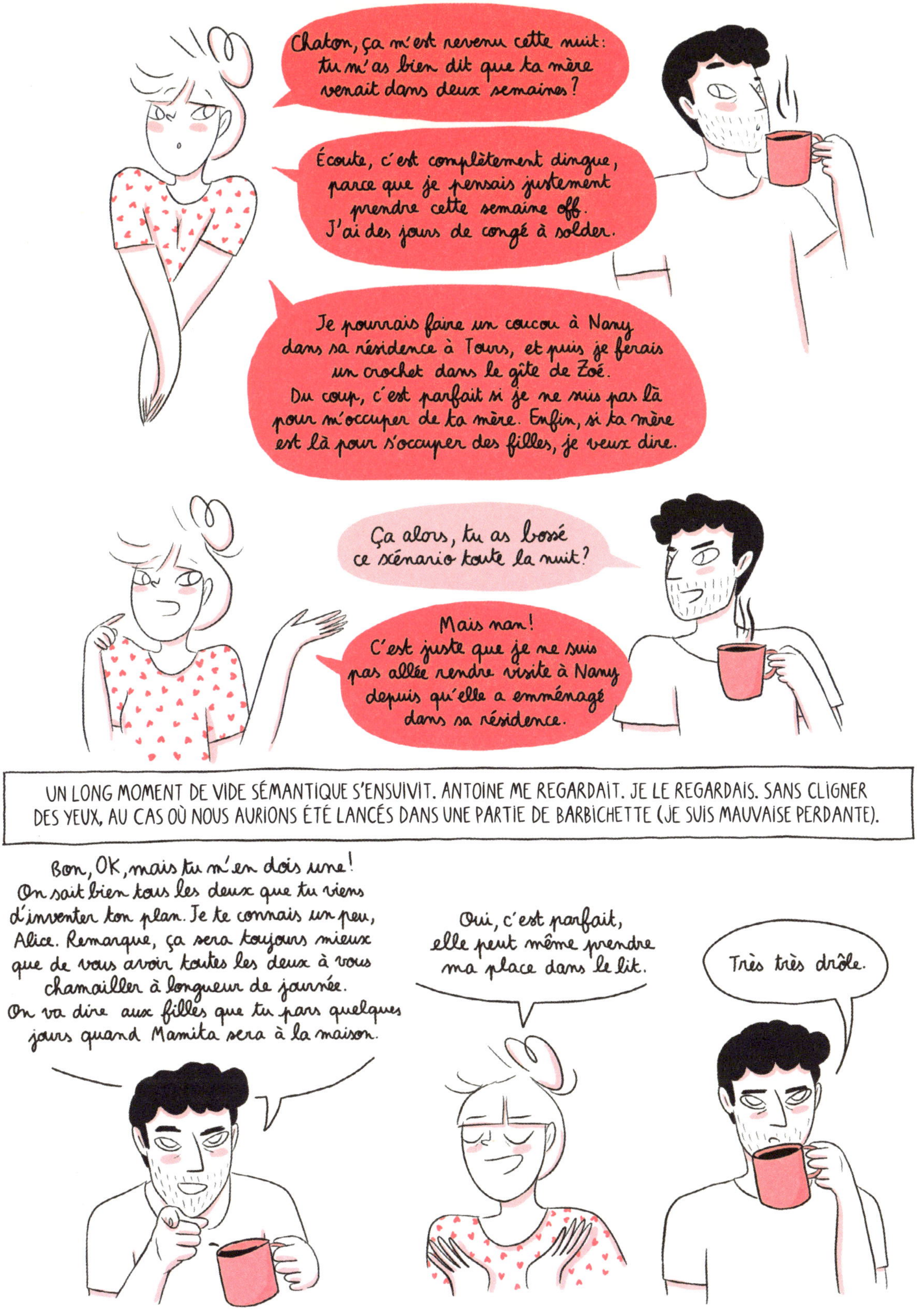
Chaton, ça m'est revenu cette nuit : tu m'as bien dit que ta mère venait dans deux semaines ?
Écoute, c'est complètement dingue, parce que je pensais justement prendre cette semaine off. J'ai des jours de congé à solder.
Je pourrais faire un coucou à Nany dans sa résidence à Tours, et puis je ferais un crochet dans le gîte de Zoé. Du coup, c'est parfait si je ne suis pas là pour m'occuper de ta mère. Enfin, si ta mère est là pour s'occuper des filles, je veux dire.
Ça alors, tu as bossé ce scénario toute la nuit ?
Mais nan ! C'est juste que je ne suis pas allée rendre visite à Nany depuis qu'elle a emménagé dans sa résidence.
UN LONG MOMENT DE VIDE SÉMANTIQUE S'ENSUIVIT. ANTOINE ME REGARDAIT. JE LE REGARDAIS. SANS CLIGNER DES YEUX, AU CAS OÙ NOUS AURIONS ÉTÉ LANCÉS DANS UNE PARTIE DE BARBICHETTE (JE SUIS MAUVAISE PERDANTE).
Bon, OK, mais tu m'en dois une ! On sait bien tous les deux que tu viens d'inventer ton plan. Je te connais un peu, Alice. Remarque, ça sera toujours mieux que de vous avoir toutes les deux à vous chamailler à longueur de journée. On va dire aux filles que tu pars quelques jours quand Mamita sera à la maison.
Oui, c'est parfait, elle peut même prendre ma place dans le lit.
Très très drôle.

J'ÉTAIS TOUT EXCITÉE ! CE PETIT BREAK, C'ÉTAIT EXACTEMENT CE QU'IL ME FALLAIT ! CELA ME PERMETTRAIT DE PRENDRE UN PEU DE RECUL, DE ME POSER LES BONNES QUESTIONS. ET AUSSI, J'AVOUE, DE PRENDRE DU TEMPS POUR MOI, LARGEMENT MÉRITÉ ! CELA FAISAIT UNE ÉTERNITÉ QUE JE N'ÉTAIS PAS PARTIE SEULE (AVEC UNE SEULE VALISE ! #LESMUMSSAVENT). J'ÉTAIS TOUT AUSSI TERRIFIÉE, MAIS JE SENTAIS QU'IL FALLAIT SAUTER SUR L'OCCASION. APRÈS TOUT, C'ÉTAIT UN JOLI CADEAU QUE ME FAISAIT MA BELLE-MÈRE.
AU BUREAU, JE COMMENÇAI À ORGANISER MON ROAD TRIP EN TOUTE DISCRÉTION. CE N'ÉTAIT PEUT-ÊTRE PAS À AUSSI GRANDE ÉCHELLE QUE SUR MA « BUCKET LIST » D'ADO, MAIS, TECHNIQUEMENT PARLANT, ÇA RESTAIT UN TRIP SUR UNE ROUTE.
ALORS QUE J'ATTAQUAIS LA LISTE DE TOUS MES INDISPENSABLES POUR LE TRAJET...
INDISPENSABLES ROADTRIP
UN FICHU STYLÉ DES CAPUCHES PARIS, POUR COPIER LE LOOK DE SUSAN SARANDON DANS « THELMA ET LOUISE »
MES TABLETTES DE CHOCOLAT NOIR À LA FLEUR DE SEL...
CHOCO FLEUR de sel
... JE ME RENDIS COMPTE QUE JE N'AVAIS PAS L'ESSENTIEL POUR CE FAMEUX ROAD TRIP : LA VOITURE.
OUPS
?

J'AI FOUILLÉ VITE FAIT DANS MON TÉLÉPHONE, ET SUIS ALLÉE DISCRÈTEMENT AUX TOILETTES PASSER UN PETIT COUP DE FIL...
Bonjour, j'ai vu votre annonce pour le van. Est-il disponible dans deux semaines?
Oui, bien sûr, il faudra juste me verser des arrhes et m'envoyer une photocopie de votre permis.
SOUFFLE
Euh! oui, oui, pas de souci.
Parfait. Je vous envoie le contrat.
Dis-moi, y a pas de date de péremption sur un permis, hein?
Tu veux dire, comme sur les cartes d'identité et les capotes? Non, c'est valable à vie si t'as tes points.
Ah oui! Je les ai tous, je n'ai jamais vraiment conduit depuis que j'ai passé le permis.
Ah super... Enfin, je crois...

DEUX SEMAINES PLUS TARD...

J'espère en trouver plein sur le chemin, mes chéries.
Je t'aime « to the moon and back ».
JE CULPABILISAIS DE LAISSER LES MIENS, MAIS, COMME À SON HABITUDE, MA BELLE-MÈRE A SU TROUVER LES MOTS POUR ME RASSURER...
Ne t'inquiète pas, Alice, on va s'occuper des filles. Elles vont oublier en deux secondes que tu n'es pas là.
JE LA REMERCIAI POUR CES MOTS « DOUX » ET GRIMPAI DANS LE VAN.
Euh! Ma chérie, je crois que tu te trompes de côté.
JE COMPRIS ALORS QUE C'ÉTAIT À MOI DE PRENDRE LES COMMANDES ET DE TRACER MA ROUTE ! CE VOYAGE AU BOUT DE MES ENVIES ALLAIT ME PERMETTRE D'AFFRONTER DEUX DE MES PLUS GRANDES PEURS : LA SOLITUDE ET LA CONDUITE !

LIBRAIRIE
VIVE le YOGA
Les aventures de LAPINOU

JE COMMENÇAI MA ROUTE PAR UNE PREMIÈRE ÉTAPE IMPORTANTE, BAPTISER MON VAN...
Y.van,
tu as compris?
AA-123-GO
Ou Van... essa! Comme ça, on sera entre meufs!
Allez, hop! En voiture, Vanessa. Emmène-moi au paradis!
À ce stade de l'aventure, cela peut vous paraître étrange que je parle d'ores et déjà à Vanessa comme à une entité, mais voilà : depuis que je suis petite, j'ai toujours eu un souci, une angoisse, même, face à la solitude. Vanessa me permettra, je suis sûre, de combler ce vide et de combattre ma peur. Un peu comme le ballon de Tom Hanks dans le film « Seul au monde ».

ASSEZ VITE, UN PREMIER CHALLENGE SE DRESSA SUR MA ROUTE : LE GPS ME FAISAIT TOURNER EN ROND.
FAITES DEMI-TOUR IMMÉDIATEMENT!
JE M'ARRÊTAI DANS UNE STATION-SERVICE POUR DÉGOTER UNE CARTE ROUTIÈRE ET UN CAFÉ DONT SEULES LES MACHINES D'AUTOROUTE ONT LE SECRET.
Zut, ils n'ont pas de chaï latte...
NOS BOISSONS
EXPRESSO
Soupe!
Thé
JE TROUVAI AUSSI UNE JOLIE BOUSSOLE À LA CAISSE. MÊME SI JE NE SAVAIS ABSOLUMENT PAS M'EN SERVIR, JE TROUVAIS ÇA CLASSE. EN PLUS, ÇA FERAIT UN PEU DE DÉCO DANS MON VAN.
FRANCE
Bonbons
Sandwich
Auto Root!

ALORS QUE JE ME DÉBATTAIS AVEC LA CARTE EN PAPIER TOUT EN ESSAYANT DE FAIRE UNE PHOTO ÉNIGMATIQUE POUR ALIMENTER MON INSTA, UN MOTARD AUX AIRS DE JOHNNY (DEPP) ME VINT GENTIMENT EN AIDE.
WC
MICHELIN France
Vous essayez d'aller où, comme ça ?
Je dois me rendre à Tours, mais mon GPS m'a perdue !
Team Mauvaise foi.
D'ici, c'est vraiment tout simple : suivez ce panneau, et de là ce sera indiqué.
THONDESTAING
Ton destin ou mon destin ?
MICHELIN France
Thondestaing, comme c'est écrit.
VEXÉE DE MON BIDE, JE LE REMERCIAI, ET SUIVIS DONC MON DESTIN VIA THONDESTAING !

J'APPROCHAIS PETIT À PETIT DE LA RÉSIDENCE DE MA GRAND-MÈRE ADORÉE.

JE N'AVAIS PAS PU RENDRE VISITE À NANY DEPUIS BIEN TROP LONGTEMPS, JE ME DEVAIS DE RATTRAPER LE TEMPS PERDU. J'AVOUE QUE J'APPRÉHENDAIS UN PEU CE MOMENT : J'AVAIS PEUR QUE LE TEMPS PASSÉ AIT EU RAISON DE SA JOIE DE VIVRE ET DE SON LÉGENDAIRE DYNAMISME.
Ma chériiiieeeee ! Que tu es magnifique ! Que tu m'as manqué !
ELLE RAYONNAIT À SA FENÊTRE, ET N'AVAIT LITTÉRALEMENT PAS PRIS UNE RIDE !
Toi aussi, tu m'as tellement manqué.
Comment vont les petites ? Montre-moi vite des photos ! Et Antoine ?
Bon, trêve de bavardages. Qu'est-ce qui ne va pas ?
POUR MA NANY, J'ÉTAIS DEPUIS TOUJOURS COMME UN LIVRE OUVERT.
Rien, juste un petit coup de mou généralisé, je crois.

Je me pose pas mal de questions en ce moment. J'ai du mal à trouver de la saveur dans ce qui m'entoure. J'ai envie de rêver un peu, je crois, mais je ne sais pas sur quelle route m'engager, et mon quotidien est si chargé que je peine à trouver l'énergie.
Oh ma petite cocotte, toi qui as toujours été si vorace de la vie… C'est de là que vient l'idée de ce petit périple en van ?
Oui, et pour te voir aussi, ma Nany.
Bon, écoute, on va se changer les idées. Je te propose d'aller rencontrer des femmes extraordinaires !
EN RENTRANT DANS LA RÉSIDENCE, JE M'APERÇUS QU'IL S'AGISSAIT DE TOUT SAUF D'UNE MAISON DE RETRAITE ! D'APRÈS CE QUE M'EXPLIQUAIT NANY, C'ÉTAIT PLUTÔT UN « ACCUEIL FAMILIAL », UNE SORTE DE COLOCATION CHAPEAUTÉE PAR DES PROFESSIONNELS.
Et voici ce qu'on appelle «notre antichambre du paradis» !
Mais… vous n'êtes qu'entre vous ?
Presque ! On a une accueillante, Denise, qui nous accompagne pour les soins et nous donne un coup de main au quotidien. Sinon, on s'est regroupées entre bonnes copines, veuves pour certaines, divorcées ou encore célibattantes pour d'autres. J'ai même mis une petite annonce sur Facebook, et ça a cartonné.

EN REJOIGNANT LA SALLE À MANGER, JE DÉCOUVRIS UN PETIT GROUPE DE QUATRE MAMIES, TOUTES VÊTUES DU MÊME BLOUSON EN JEAN...
LES Croquantes
J'AI NATURELLEMENT PENSÉ À LA FAMEUSE SÉRIE « LES CRAQUANTES », MAIS ALORS POURQUOI « CROQUANTES » ? MICHELLE, UNE PETITE GRAND-MÈRE TOUTE MENUE, A ANTICIPÉ MA QUESTION...
Eh oui, ma chérie ! Ici, on croque la vie !
ET CELLE QU'ON DEVINAIT ÊTRE LA RIGOLOTE DE L'ÉQUIPE DE RENCHÉRIR :
En tout cas, ce qu'il en reste...
Ici, chacune a un rôle précis ! C'est comme ça qu'on a imaginé notre maison de frangines.
Un peu comme chez les scouts, avec les badges ?
Si tu veux, oui.

Je te présente Jeanne, la « troubadour », qui est en charge de la partie fun, comme vous dites : nos activités, nos sorties et nos « dates ».
Vos rendez-vous médicaux, tu veux dire...
Non, des « dates », des rendez-vous galants, si tu préfères. Vous, les jeunes, vous êtes persuadés que la vie s'arrête quand on devient vieux, mais pas du tout ! Pour nos rendez-vous médicaux, c'est Denise qui s'en occupe. Entre autres. C'est notre ange gardien.
Jeanne est notre entremetteuse, notre Tinder du troisième âge.
Et alors, Nany, t'as un amoureux ?
Bon, on continue le tour de table ! Michelle s'occupe de notre look ! Elle était couturière à Pantin, et habillait toutes les bourgeoises parisiennes qui lui demandaient des copies de grandes marques. C'est elle qui a confectionné nos blousons à message.
Moi, c'est Sue, j'étais institutrice en Angleterre. Je suis venue en France par amour pour un pilote. Je veille à ce que nos cerveaux moulinent toujours : je donne des cours d'anglais, de culture générale et de géographie aux filles.
Et voici Louise, première détentrice du permis poids lourd, qui l'avait passé dans le but d'épauler son mari, industriel ! C'est elle qui nous conduit un peu partout !
Ah super ! Tu pourras me donner un cours de conduite sur le parking ? Mon van a un gros popotin, je galère sur les créneaux.

JE DÉCOUVRAIS TOUTE UNE ORGANISATION BIEN FICELÉE, QUI TENAIT SUR UNE SEULE CHOSE : LA SORORITÉ ! ÇA DONNAIT ENVIE ! LA SOIRÉE SE POURSUIVIT À JOUER, À RIRE, À PARTAGER.

JE REJOIGNIS VANESSA SUR LE PARKING QUI LONGEAIT LA ROUTE.

CETTE PREMIÈRE NUIT DANS LE VAN, C'ÉTAIT EXACTEMENT CE QU'IL ME FALLAIT. JE VIVAIS L'EXPÉRIENCE D'UNE NUIT À L'EXTÉRIEUR, MAIS DANS UN ESPACE SÉCURISÉ. CELA ME RAPPELAIT L'ÉPOQUE OÙ, AVEC MA SŒUR, ON FAISAIT DU CAMPING DANS LE JARDIN DE NOS PARENTS.
IL ME FALLAIT TOUJOURS UN PEU DE TEMPS POUR M'ENDORMIR QUAND JE N'ÉTAIS PAS DANS MON LIT. ALORS, SUR LA BANQUETTE D'UN VAN, SANS LES BRAS D'ANTOINE POUR ME RÉCHAUFFER, ÇA N'ALLAIT PAS ÊTRE UNE MINCE AFFAIRE.
Ah, enfin !
Non, non Alice, reprends-toi ! C'est ton esprit qui te joue des tours. Passe à autre chose.
Chiotte ! J'ai vraiment trop envie de faire pipi !
JE SAVAIS QUE SI JE N'Y ALLAIS PAS TOUT DE SUITE CELA ALLAIT ME POURRIR TOUTE LA NUIT ! J'ÉTUDIAI ALORS LES SCÉNARIOS.
PISTE 1 :
JE COURS, JE TRAVERSE LE JARDIN POUR ALLER FAIRE PIPI AVEC TOUT LE CONFORT CHEZ LES CROQUANTES.
PISTE 2 :
JE VAIS AU PLUS RAPIDE ET JE FAIS DEVANT LE VAN.
EN FILLE PRAGMATIQUE, J'OPTAI POUR LA PISTE 2.
EN FILLE MOINS PRAGMATIQUE, J'OUBLIAI LA PRÉSENCE DE LA DÉPARTEMENTALE, ET FIS DONC LE PLAISIR DE QUELQUES ROUTIERS QUI ME LANCÈRENT DES APPELS DE PHARES.

ENFIN SOULAGÉE, JE TENTAI DE TROUVER LE SOMMEIL EN SONGEANT À CE GANG DE SUPER MAMIES, À CETTE ORGANISATION QU'ELLES AVAIENT MISE EN PLACE POUR PROFITER AU MAXIMUM DE CHAQUE INSTANT, À CE LIEN QU'ELLES AVAIENT CRÉÉ. C'ÉTAIT UNE JOLIE LEÇON DE VIE.
Fuck, est-ce que j'ai bien mis la cale sous les roues du van ?
LE LENDEMAIN MATIN, JE ME RÉVEILLAI À L'AUBE, FIÈRE COMME JAMAIS D'ÊTRE PARVENUE À DORMIR SEULE. JE FONÇAIS DONC CHEZ LES CROQUANTES POUR LEUR CONTER CETTE VICTOIRE !
TOC TOC
Tu t'es battue avec un ours, ma chérie ?
Presque. Avec mon sac de couchage.
Viens, je te prépare un bon petit déjeuner, comme quand tu étais petite.
Tu sais, j'ai réfléchi cette nuit à notre échange, et je me suis rappelé que, quand tu étais petite, tu adorais t'occuper de ton petit monde : organiser des goûters pour tes cousins, des dîners pour tes parents, des soirées de Noël en septembre. Tu avais vraiment le sens de la fête. Tu aimais que ton entourage se sente bien.
C'est vrai que je sautais sur chaque occasion pour organiser une petite fête, j'adorais ça ! J'adore toujours ça, d'ailleurs. Je ne perds jamais une occasion d'organiser un apéro, ha, ha.
Toutes les deux, on passait aussi des heures à préparer des madeleines, que tu voulais offrir à tout le monde.
Oh ! Ma Nany, tu veux me faire le plus grand des plaisirs ?

FARINE
Sucre
ALORS QUE JE M'APPRÊTAIS À QUITTER CES SUPER MAMIES, SUSAN ME CHUCHOTA DANS L'OREILLE :
N'aie pas peur de la vie, Alice. Tu as ce qui est le plus précieux : le temps. Profite de chaque minute.
AVANT DE PARTIR, MICHELLE ME TENDIT UN PAQUET CADEAU, QUE JE DÉBALLAI AVEC EXCITATION !
C'ÉTAIT UN BLOUSON DES CROQUANTES. JE LES EMBRASSAI TENDREMENT.
LES Croquantes
LES Croquantes

DE RETOUR AUPRÈS DE MA VANESSA, JE REPRIS LA ROUTE LE CŒUR GONFLÉ À BLOC. C'EST ALORS QUE JE REÇUS UN TEXTO D'ANTOINE...

JE SCROLLAIS, TOUT EXCITÉE, ET PUIS SOUDAIN :

MES FILLES, AVEC L'AIDE D'ANTOINE, M'AVAIENT CONCOCTÉ UNE COMPILATION. FÉBRILE, JE LANÇAI LA PLAYLIST.

UNE FOIS AMBIANCÉE, JE DÉCIDAI D'ENCHAÎNER AUX CÔTÉS DE CÉLINE...
LES
Groquantes
♪ AAAALL BYYY MYYY SEEEELF
LES LARMES ME MONTAIENT AUX YEUX. MA TROUPE ME MANQUAIT. MADAME CULPABILITÉ NE M'ÉPARGNAIT RIEN.
C'est toi qui as décidé de prendre du temps pour toi. Tu fais ta drama queen au bout de 24 heures, et pourtant tu as zéro raison de te plaindre.
POUR UNE FOIS, JE DÉCIDAI DE LUI TENIR TÊTE.
Mais j'assume ! Je m'offre un peu de recul, l'occasion de regarder ma réalité sous un autre angle, de m'interroger sur mes envies. Cela ne m'empêche pas de penser aux miens. Alors fous-moi la paix, et laisse-moi donc m'interroger sereinement sur mes rêves !
J'AI BIEN SENTI QUE JE LUI AVAIS CLOUÉ LE BEC, LÀ. ELLE NE LA RAMENAIT PLUS !

JE TRAÇAI MA ROUTE VERS LE GÎTE DE MA COPINE ZOÉ,
QUI M'ATTENDAIT POUR LE LENDEMAIN.
IL Y AVAIT ENVIRON 300 KILOMÈTRES ENTRE TOURS
ET L'ENDROIT OÙ SE TROUVAIT SON GÎTE DANS LE MORVAN.
AVANT CELA, J'AVAIS PRÉVU DE ME FAIRE UN PETIT CADEAU.

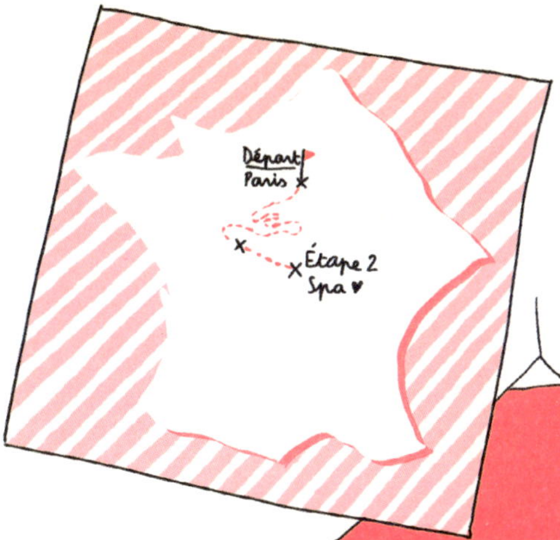


CE DONT ON RÊVE TOUTES…

ÊTRE SEULE…

TOUTE SEULE…

TOUTE UNE NUIT DANS UN HÔTEL DE CHARME.

UNE FOIS SUR PLACE, J'AI VÉCU UN RÊVE...
APRÈS UNE HEURE DE MASSAGE ET UN TOTAL LÂCHER-PRISE, J'AI REGAGNÉ MA CHAMBRE EN PEIGNOIR, LÉGÈRE COMME UNE PLUME ET UN SOURIRE BÉAT AUX LÈVRES.
ÉCHOUÉE SUR LE LIT, J'ATTRAPAI LE TÉLÉPHONE POUR ME COMMANDER LE BURGER DE LA MORT EN ROOM SERVICE.
ÉVIDEMMENT, JE N'EN OUBLIAIS PAS MA MISSION, MA QUÊTE DE SENS.
MAIS HONNÊTEMENT, LÀ TOUT DE SUITE MAINTENANT, AVEC MON BURGER, MON PEIGNOIR ET MON PROGRAMME TÉLÉ « MARIÉS AU PREMIER REGARD », J'ÉTAIS PLUS QUE JAMAIS À L'ÉCOUTE DE MES ENVIES.

J'ENVOYAI UN MESSAGE TARDIF À ANTOINE...

JE RIS. JE N'OSAIS PAS LUI DIRE À QUEL POINT CE RENDEZ-VOUS AVEC MOI-MÊME ME PROCURAIT DU PLAISIR. JE N'AVAIS À PENSER QU'À MOI. ÇA N'ÉTAIT PAS ARRIVÉ DEPUIS SI LONGTEMPS... POLIMENT, JE RÉPONDIS QUE LUI AUSSI ME MANQUAIT DANS LE LIT, MÊME SI J'AVAIS DÉJÀ ENCLENCHÉ LA POSITION ÉTOILE.

À MA GRANDE SURPRISE, IL ENCHAÎNA SUR UNE SÉANCE DE CE QUI, POUR NOUS, ÉTAIT CLAIREMENT DU SEXTING.

LA RÉALITÉ N'ÉTANT PAS SPÉCIALEMENT FLATTEUSE PUISQUE J'ÉTAIS EN PEIGNOIR XXL, AVEC SUR LE VISAGE DES RESTES DE BOUE DE MON SOIN AU SPA ET DES PATCHS ANTI-POINTS NOIRS, JE DÉCIDAI D'ÉDULCORER UN PEU.

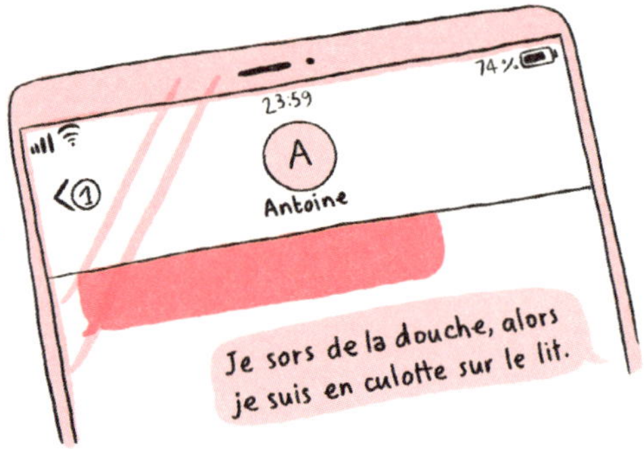


JE RETROUVAI LES FRISSONS DE NOS PREMIERS ÉCHANGES.

LE LENDEMAIN MATIN, REQUINQUÉE PAR CETTE PARENTHÈSE ENCHANTÉE, JE REPRENAIS LA ROUTE. JE N'ÉTAIS ALLÉE QU'UNE FOIS CHEZ ZOÉ, AU TOUT DÉBUT DE SON INSTALLATION DANS LE GÎTE. J'AVAIS HÂTE DE DÉCOUVRIR SES AVANCÉES.

JE NE SUIS PAS CE QU'ON PEUT APPELER UNE FILLE DE LA CAMPAGNE. J'AI TOUJOURS GRANDI DANS UN HABITAT URBAIN, ET MA SEULE EXPÉRIENCE « INTO THE WILD » AVAIT ÉTÉ CELLE D'UN CAMP SCOUT À 7 ANS, QUI N'AVAIT, DISONS-LE, PAS RENCONTRÉ TOUTES MES FAVEURS.

Départ
Paris
Étape 3
Chez Zoé

MAIS J'ÉTAIS CONFIANTE : J'AVAIS GAGNÉ EN MATURITÉ, ET PUIS JE VOULAIS MONTRER À ZOÉ QUE JE POUVAIS PARFAITEMENT ME GLISSER DANS LA PEAU D'UNE FILLE DE LA CAMPAGNE.
Merde !
SPLOTCH !
Tu t'es déguisée ?
Zoé ! Ça me fait tellement plaisir de te voir. Et c'est tellement beau, ici.
SOUDAIN, JE SENTIS QUELQUE CHOSE TIRER MON TEE-SHIRT PAR-DERRIÈRE AVEC POIGNE.
Ahhhh ! Mais qu'est-ce que c'est ?!
C'est Ikea, notre chèvre ! Ne t'inquiète pas, elle est inoffensive, juste très, très affectueuse.
Ah ! super.

CE LIEU, CE N'ÉTAIT PAS QU'UN GÎTE. ZOÉ Y AVAIT INSTALLÉ PETIT À PETIT TOUT UN CONCEPT DE FERME PÉDAGOGIQUE POUR LES ENFANTS.
ELLE ME FIT FAIRE LE TOUR DU PROPRIÉTAIRE. C'ÉTAIT MAGNIFIQUE, ON ENTENDAIT LE BRUIT DE LA RIVIÈRE QUI COULAIT AUX ABORDS DE LA MAISON.
LES CHAMBRES ÉTAIENT SUBLIMES, DÉCORÉES AVEC LE GOÛT QUE JE LUI CONNAISSAIS.
SON CHÉRI ET SON BÉBÉ ÉTAIENT PARTIS CHEZ SA BELLE-MÈRE POUR LE WEEK-END, MAIS ELLE ME PRÉSENTA DES COMPAGNONS D'UNE AUSSI GRANDE IMPORTANCE À SES YEUX : LEURS POULES.
UNE FOIS LES PRÉSENTATIONS FAITES AVEC TOUS SES COLOCATAIRES, JE M'AVENTURAI DANS UNE BALADE, SEULE, AUTOUR DU GÎTE.
Tu es certaine que tu ne vas pas te perdre ?
Mais nan, tu rigoles ? J'ai le sens de l'orientation inné !
Tu connais, Aris, toi, comme ville ?
Mais Alice, c'est Paris, c'est juste la lettre qui a sauté du panneau !
ARIS 75 km
Mais oui, je rigolais ! Et tu marches à chaque fois.

LE FAIT DE ME RETROUVER EN PLEINE NATURE ME FAISAIT PRENDRE DU RECUL. JE ME SENTAIS MINUSCULE FACE À LA BEAUTÉ QUI ÉMANAIT DE TOUTE CETTE VERDURE, FACE À CE CALME INÉBRANLABLE, À CETTE POÉSIE.

JE COMMENÇAI À ANGOISSER. DANS CE GENRE DE SITUATION, MON CÔTÉ DRAMA QUEEN PRENAIT LE DESSUS.
INFOS
POLICE POLICE POLICE POLICE
LE CORPS D'UNE FEMME D'ÂGE MÛR DÉCOUVERT DANS LES BOIS
JE RESPIRAI UN GRAND COUP ET JE DÉCIDAI FINALEMENT DE FAIRE CE QUE JE N'AVAIS PAS FAIT DEPUIS BIEN LONGTEMPS : AFFRONTER MA PEUR, ÉCOUTER MON INSTINCT ET ME FAIRE CONFIANCE.
MAIS, ALORS QUE J'EMPRUNTAIS LE CHEMIN DU RETOUR, JE SENTIS COMME UNE PRÉSENCE...
Ikea ! Je n'ai jamais été aussi heureuse de te voir, vieille bique.
Tu vois, Ikea, moi perdue sur cette route, dans le noir, c'est un peu une allégorie de ma vie en ce moment. Mais je me rends bien compte que je ne dois pas avoir peur, que je dois continuer à rester en mouvement pour avancer, essayer des choses, et aussi me faire aider. Tu me ramènes à la maison ?
Alors, Ikea t'a ramenée ?
Nan, nan, on s'est juste tenu compagnie !

LE LENDEMAIN MATIN, RÉVEILLÉE PAR LES CLOCHES DE L'ÉGLISE À 6 HEURES, À 7 HEURES ET À 8 HEURES, JE DÉCIDAI COURAGEUSEMENT D'ÉMERGER À 8 H 30. EN L'ABSENCE DE SON HOMME, ZOÉ APPRÉCIERAIT QUE JE LUI DONNE UN PETIT COUP DE MAIN MATINAL ! J'AVAIS POURTANT PASSÉ UNE MAUVAISE NUIT, RYTHMÉE PAR LES BRUITS DE CE QUE J'AVAIS IMAGINÉ ÊTRE… UN LOUP.

Mais quand est-ce que tu as été sûre que c'était la chose à faire?
Je sentais que j'avais besoin d'autre chose, mais franchement je ne savais pas du tout quoi! J'ai juste décidé d'écouter cette petite voix qui me disait qu'on n'a qu'une putain de vie. Au pire, je me plante, mais au moins j'aurais essayé.
Oui, je suis d'accord! Mais le déclic pour te lancer, c'était quoi?
C'était ça, je crois!
Les petits vieux?
Non, mais les rencontres, les échanges... La vie, quoi. Pendant longtemps, j'étais vraiment passionnée par mon métier. Tout le monde ne pouvait pas comprendre, mais ça me faisait vraiment vibrer. Mais j'ai trop tiré sur la corde. Et puis, du jour au lendemain, sans explication, sans préavis, mon corps et ma tête ont dit stop! Ça a été la claque.
Mais c'était quand? Pourquoi tu ne m'as rien dit?
Même si on en parle de plus en plus, ça reste très difficile d'avouer à ses proches qu'on fait un burn-out. Déjà, je n'ai pas compris ce qui m'arrivait. Et puis, sur le papier, tout allait bien dans ma vie. Je me disais qu'on ne comprendrait pas que je puisse me plaindre, et pourtant je souffrais vraiment.
Je suis désolée de n'avoir rien remarqué.
Ce n'est pas de ta faute. Je pense que, tant que tu n'as pas vécu un truc comme ça, c'est très dur à comprendre. Donc, plus qu'un déclic, ça a été pour moi un geste de survie. Mais chacun est différent, et ça aurait pu être un autre projet. Tu es prête à faire le grand saut?
Je m'interroge, justement, mais je ne sais pas si le grand changement de vie est fait pour moi.
Je ne parle pas de ça, mais du grand saut dans la rivière! On va devoir y aller pour récupérer les morceaux d'arbres tombés cette nuit qui pourraient enrayer le courant.

Selon une croyance rurale, si tu plonges les pieds dans la rivière, si tu te mets face à elle et si tu prends toute son énergie en pensant fort à quelque chose que tu veux vraiment, cette chose se réalisera !
Chère rivière, permets-moi de trouver l'extra dans l'ordinaire. De rêver et d'oser !

Allez viens, c'est terminé !
Super, on se fait un café au coin de la cheminée ?
Non, on va voir si Émilie, ma stagiaire, a attaqué la préparation des chambres pour les nouveaux arrivants.
Tu ne souffles jamais, en fait !
Non, mais je respire.
JE N'ÉTAIS PAS CERTAINE QUE CE QU'IL ME FALLAIT, À MOI, C'ÉTAIT DE TOUT PLAQUER.
APRÈS SON BURN-OUT, ZOÉ AVAIT EU BESOIN D'UN CHANGEMENT RADICAL.
POUR L'INSTANT, CE N'ÉTAIT PAS MON ENVIE. PAS LÀ. IL ME FALLAIT ENCORE TROUVER LA BONNE DIRECTION.
UN PEU PLUS TARD DANS LA JOURNÉE, ALORS QUE J'AVAIS ENVOYÉ DES PHOTOS DE MOI ET DES COCOTTES À MES COPINES, J'AI REÇU DES NEWS EXCITANTES !
Les copines
Leïla, Sophie, Julia & vous
Sophie
PARIS CDG
DELHI
EMBARQUEMENT
Regarde ça, ma biche, c'est un peu grâce à toi !
Les copines
Leïla, Sophie, Julia & vous
c'est un peu grâce à toi !
Moi
Bravo, trop fière de toi !
Leïla
François Civil
francoiscivilofficiel · Instagram
Voir le profil
Bonjour François, je viens de terminer « Le chant du loup », j'étais en apnée à tes côtés pendant plus de 2h ♡ !
Vu
Moi aussi, j'avance sur ma bucket list. Bientôt son 06 !
Les copines
Leïla, Sophie, Julia & vous
Moi aussi, j'avance sur ma bucket list. Bientôt son 06 !
Julia
Et toi, alors, ça te fait du bien, ce séjour ? Tu as retrouvé ta flamme ?
Moi
Écoute, pour l'instant, je me nourris de belles histoires et je fais le plein d'inspiration.
Leïla
Hâte que tu nous racontes !

Tu fais encore une story Instagram ? N'hésite pas à mettre l'adresse du gîte ! Je veux bien un peu de pub !
J'envoyais juste des photos à mes copines, mais on peut réfléchir à ta communication si tu veux. C'est un peu mon métier, tu sais. J'adorerais m'en occuper !
Carrément ! Parce que, pour l'instant, la seule chose qu'on a, c'est ça.
ZOÉ ME TENDIT UN FLYER DIGNE DE L'ORGANISATION D'UNE SOIRÉE DANS LES ANNÉES 1990.
Oui, en effet, on va réfléchir !
J'ACCROCHAI SON FLYER SUR MON PARE-BRISE POUR BRAINSTORMER SUR LE CHEMIN DU RETOUR. ZOÉ ME DONNA AUSSI UNE QUINZAINE D'ŒUFS DE SES POULES. ELLE EN AVAIT TANT QU'ELLE NE SAVAIT PLUS QUOI EN FAIRE. LES BRAS CHARGÉS, JE REPRIS TRANQUILLEMENT LA ROUTE DE LA MAISON.
LES Croquantes
LE GÎTE
SUR UN SITE QU'UNE COLLÈGUE M'AVAIT RECOMMANDÉ POUR TROUVER OÙ SE POSER AVEC UN VAN, J'AVAIS REPÉRÉ UN SUPER SPOT OÙ VANESSA ET MOI POURRIONS PASSER NOTRE DERNIÈRE NUIT ! MAIS C'ÉTAIT SANS COMPTER SUR MON SENS DE L'ORIENTATION, QUI ME FAISAIT ENCORE DÉFAUT. EN EFFET, UN PEU FLIPPÉE À L'IDÉE DE ROULER SUR L'AUTOROUTE, JE M'ÉTAIS AVENTURÉE SUR DES ROUTES DE CAMPAGNE, CE QUI N'ÉTAIT CLAIREMENT PAS UN CHOIX JUDICIEUX. COMPLÈTEMENT PERDUE ALORS QUE LA NUIT DEVENAIT DE PLUS EN PLUS NOIRE, JE COMMENÇAIS À PANIQUER.
J'ÉTAIS ACCOMPAGNÉE PAR CHRISTOPHE (ANDRÉ) ET SES SÉANCES DE MÉDITATION POUR NE PAS CÉDER À LA PANIQUE, MAIS JE NE FAISAIS PAS LA MALIGNE !
vous êtes complètement détendu.e

C'EST ALORS QUE, VANESSA ET MOI, ON A REPÉRÉ UN CHAMP MAGNIFIQUE QUI NOUS OFFRAIT UNE VUE IMPRENABLE SUR LE CLAIR DE LUNE ET LE CIEL ÉTOILÉ. APRÈS MA NUIT PASSÉE SUR LE PARKING DE NANY, JE ME SENTAIS PRÊTE POUR UN 100 % « INTO THE WILD ». J'ÉTAIS MÊME CAP DE TENTER LA PLUS GRANDE DES FOLIES : NE PAS ME LAVER LES CHEVEUX (POUR LA DEUXIÈME FOIS CETTE SEMAINE) !
LA NUIT ÉTAIT RELATIVEMENT PAISIBLE. J'AI PASSÉ UNE BONNE HEURE À CONTEMPLER LES ÉTOILES, AVANT DE M'ENDORMIR COMME UNE MASSE.

AU PETIT MATIN...
RON PCHHHH
Madame, madame !
C'EST ALLÉ TRÈS VITE DANS MA TÊTE : JE ME SUIS DIT QUE, SI JE FAISAIS LA MORTE, ON ME LAISSERAIT PEUT-ÊTRE TRANQUILLE. UN PEU COMME CE QUE JE FAISAIS, ADO, AVEC MA MÈRE.
Vous n'avez pas le droit d'être là, ma petite dame. Sur mon champ vous êtes garée.
Désolée, monsieur, je ne savais pas. J'étais complètement perdue hier soir, alors je me suis garée et je me suis endormie ! Mais je vais repartir !
JE PRIS MON COURAGE À DEUX MAINS ET DÉCIDAI D'ALLER À LA RENCONTRE DE CET AUTOCHTONE POUR ÉCHANGER AVEC LUI ! JE SAUTAI DU VAN ET ATTERRIS LES DEUX PIEDS DANS UNE BOUSE DE VACHE #FILROUGE !
SPLOTCH
Vraiment, je m'excuse ! Je rentrais auprès de ma famille [je jouais la corde sensible] après être passée chez une amie, et je ne savais pas où me poser pour la nuit. Je suis complètement perdue.
À tes intuitions, te fier il faut.
OUTRE LE FAIT QUE JE TROUVAIS LE TUTOIEMENT ÉTONNANT VU LA JEUNESSE DE NOTRE RELATION, JE M'APERÇUS QUE CETTE PHRASE NE M'ÉTAIT PAS ÉTRANGÈRE. JE PERSISTAI...
Nan, je vous jure : après avoir quitté la départementale, je me suis perdue sur les petites routes de campagne.

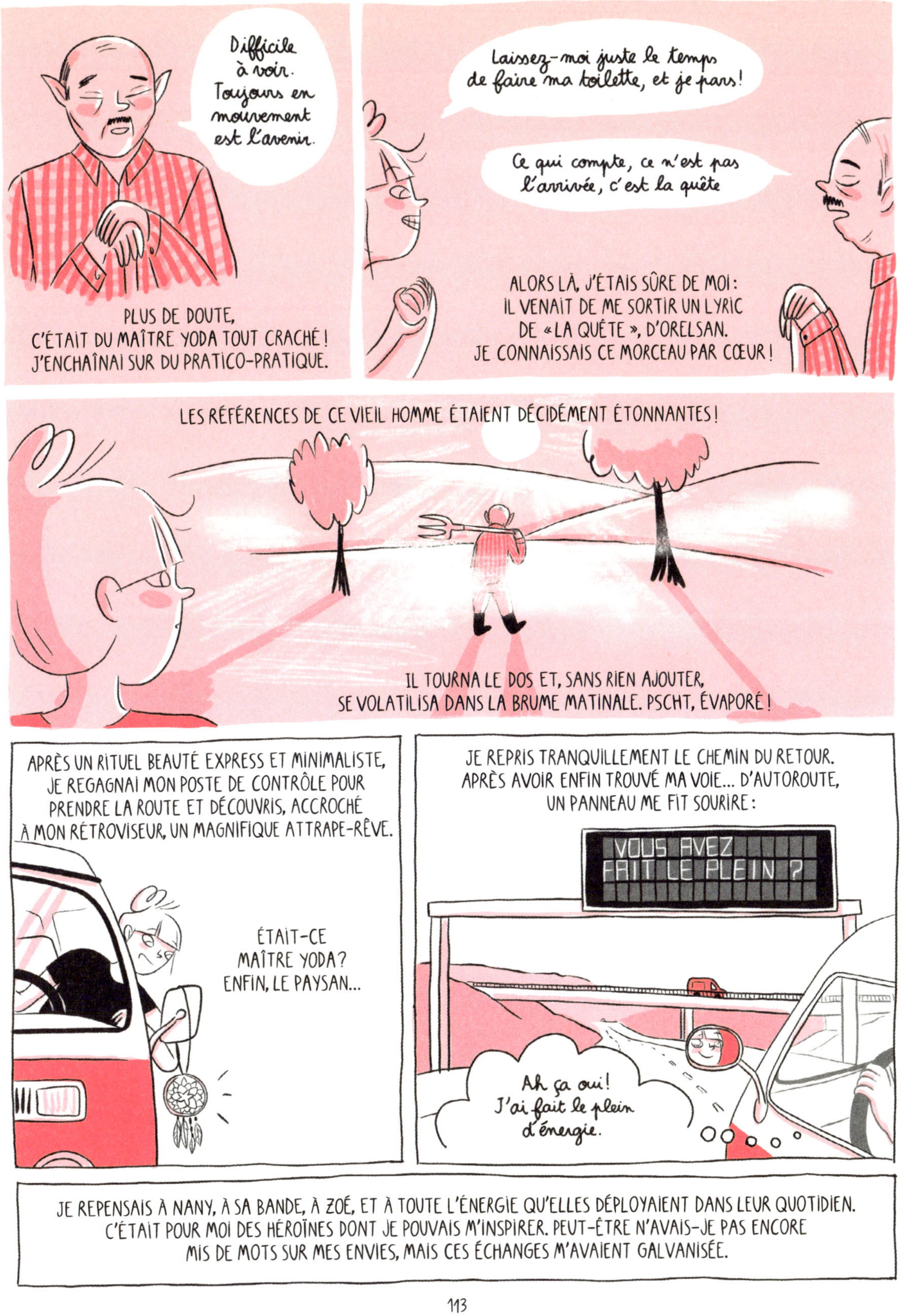
Difficile à voir. Toujours en mouvement est l'avenir.
PLUS DE DOUTE, C'ÉTAIT DU MAÎTRE YODA TOUT CRACHÉ ! J'ENCHAÎNAI SUR DU PRATICO-PRATIQUE.
Laissez-moi juste le temps de faire ma toilette, et je pars !
Ce qui compte, ce n'est pas l'arrivée, c'est la quête
ALORS LÀ, J'ÉTAIS SÛRE DE MOI : IL VENAIT DE ME SORTIR UN LYRIC DE « LA QUÊTE », D'ORELSAN. JE CONNAISSAIS CE MORCEAU PAR CŒUR !
LES RÉFÉRENCES DE CE VIEIL HOMME ÉTAIENT DÉCIDÉMENT ÉTONNANTES !
IL TOURNA LE DOS ET, SANS RIEN AJOUTER, SE VOLATILISA DANS LA BRUME MATINALE. PSCHT, ÉVAPORÉ !
APRÈS UN RITUEL BEAUTÉ EXPRESS ET MINIMALISTE, JE REGAGNAI MON POSTE DE CONTRÔLE POUR PRENDRE LA ROUTE ET DÉCOUVRIS, ACCROCHÉ À MON RÉTROVISEUR, UN MAGNIFIQUE ATTRAPE-RÊVE.
ÉTAIT-CE MAÎTRE YODA ? ENFIN, LE PAYSAN...
JE REPRIS TRANQUILLEMENT LE CHEMIN DU RETOUR. APRÈS AVOIR ENFIN TROUVÉ MA VOIE... D'AUTOROUTE, UN PANNEAU ME FIT SOURIRE :
VOUS AVEZ FAIT LE PLEIN ?
Ah ça oui ! J'ai fait le plein d'énergie.
JE REPENSAIS À NANY, À SA BANDE, À ZOÉ, ET À TOUTE L'ÉNERGIE QU'ELLES DÉPLOYAIENT DANS LEUR QUOTIDIEN. C'ÉTAIT POUR MOI DES HÉROÏNES DONT JE POUVAIS M'INSPIRER. PEUT-ÊTRE N'AVAIS-JE PAS ENCORE MIS DE MOTS SUR MES ENVIES, MAIS CES ÉCHANGES M'AVAIENT GALVANISÉE.

PAAF!
Oh non non non... pas ça !
Tout sauf ça...
AA-123-GO
Tu ne peux pas me faire ça, Vanessa, pas maintenant, pas si près du but !
Allô ! Oui, bonjour, est-ce qu'il est possible de m'envoyer une dépanneuse ? Dans 2 heures ? Bon... je ne bouge pas !
JE TUAI L'ATTENTE À COUP DE STORIES INSTAGRAM #CREVAISON #LANGOISSE, JUSQU'À CE QUE JE VOIE, ENFIN, DÉBARQUER LA DÉPANNEUSE.

UNE FEMME D'UNE CLASSE FOLLE, EN BLEU DE TRAVAIL, EN EST SORTIE ET EST VENUE À MA RENCONTRE.
DÉPANNEUR
Oh! mais quel adorable van! Il vous a fait des misères? Vous ne savez pas changer la roue?
Euh... j'avoue ne pas m'être posé la question. Je suis partie du postulat que non.
Eh bien, souvent, ça ne fait pas de mal de mettre les mains dans le cambouis, au sens propre comme au figuré. Je suis certaine que vous en êtes capable. Je vais vous montrer. Pour cela, on va avancer étape par étape plutôt que d'imaginer toute l'opération, qui peut effrayer.
Ah oui, super! Donc, étape 1, je cherche où se cache la roue de secours.
S'ENSUIVIT UNE HEURE DE COURS DE MÉCANIQUE PENDANT LAQUELLE CLAIRE ME GUIDA PAS À PAS POUR CHANGER MA ROUE.

UNE FOIS L'OPÉRATION RÉALISÉE AVEC SUCCÈS, JE « ROULAIS DES MÉCANIQUES », SANS MAUVAIS JEU DE MOTS. J'AVAIS FAIT FACE À MON SYNDROME DE L'IMPOSTEUR COMME JAMAIS. J'AVAIS HÂTE DE RACONTER À ANTOINE CE QUE JE VENAIS D'ACCOMPLIR.
Si vous n'essayez pas, vous ne saurez jamais si vous en êtes capable ou non. Il faut se lancer !
JE SAVAIS QU'ELLE AVAIT RAISON ! J'AVAIS BIEN COMPRIS QU'IL FALLAIT OSER EMPRUNTER DES CHEMINS DE TRAVERSE, PARFOIS.
AVANT DE REPRENDRE LA ROUTE, J'ENVOYAIS UN PETIT MESSAGE À MA TROUPE :
Antoine
Je suis sur la bonne voie, mes chéris! (j'arrive bientôt, quoi!)
PARIS 137 km
AA-123-GO

ALORS QUE JE RALENTISSAIS DEVANT MON IMMEUBLE, MON CŒUR SE MIT À BATTRE LA CHAMADE COMME JAMAIS : MA FAMILLE M'ATTENDAIT SUR LE TROTTOIR. GRÂCE AU TUTO DE LOUISE, J'AI FAIT LE PLUS BEAU DES CRÉNEAUX DE MA VIE, À LA FOIS POUR IMPRESSIONNER MON ANTOINE, MAIS AUSSI POUR LES REJOINDRE AU PLUS VITE, LUI ET LES FILLES, ET LES EMBRASSER TENDREMENT !
Arrivée PARIS
Je vous aime tellement, mes amours. Ta mère n'est pas là ?
Elle est partie ce matin, je lui ai dit qu'on aurait envie d'être entre nous.
ANTOINE N'AVAIT JAMAIS ÉTÉ AUSSI SEXY À MES YEUX.
COMME À LEUR HABITUDE, LAURE ET CLÉMENCE M'ONT INONDÉE DE QUESTIONS POUR SAVOIR CE QUE J'AVAIS FAIT !
Tu as mangé quoi ?
Tu as regardé des dessins animés ?
T'as fait un mini-golf ?
Tu nous as rapporté des cailloux ?

UNE FOIS LES FILLES COUCHÉES, APRÈS LEUR AVOIR RACONTÉ LES HISTOIRES DE NANY, D'IKEA ET DU PAYSAN, J'AI REJOINT ANTOINE DANS LE SALON, ÉTONNÉE DE TROUVER LES LUMIÈRES TAMISÉES. SOUDAIN...

MON ANTOINE, CELUI AVEC QUI IL FALLAIT NÉGOCIER UNE PAIRE DE SNEAKERS POUR OBTENIR UNE DANSE, AVAIT MÉMORISÉ TOUTE UNE CHORÉGRAPHIE DANS LE BUT UNIQUE DE ME SÉDUIRE.

À LA FIN DE CETTE DANSE, IL M'AVOUA :
Je suis tombé sur ta liste d'envies quand tu faisais ta valise... Je sais qu'on s'est laissé emporter par le quotidien, qu'on a moins fait attention l'un à l'autre, mais sache que je ne t'ai jamais considérée comme acquise, Alice, et je me battrai toujours pour être celui qui fait battre ton cœur.
IL A ALORS PRIS MA MAIN, L'A POSÉE SUR SON TORSE ET M'A FAIT LE CRAQUANT : « COCON, COCON. »
Ah! et du coup, j'ai aussi compris ton délire avec Avril Lavigne, et ça m'a rassuré.
J'EMBRASSAI MON ANTOINE AVEC AUTANT DE PASSION QU'IL Y EN A DANS LA SCÈNE FINALE D'UNE COMÉDIE ROMANTIQUE, LA COUPURE DU GÉNÉRIQUE EN MOINS...

LE LENDEMAIN, DE RETOUR AU BUREAU, JE RACONTAI MON PÉRIPLE EN ENJOLIVANT UN PEU MES AVENTURES AUPRÈS DE MES COLLÈGUES...
Ouais, quand j'ai crevé sur l'autoroute à 130 kilomètres-heure, je n'ai pas paniqué. Je me suis rabattue et j'ai changé la roue en moins de 20 minutes !
SUCRE
Alice, ravi de t'avoir de retour. Tu es prête ? On y va ?
Euh... prête pour quoi ?
Je t'ai envoyé un mail, tu ne l'as pas eu ? On va prendre un brief pour un parfum. Mais tu vas être contente : c'est un «vrai parfum», comme tu dis, un parfum pour femmes, pas pour chiottes.
C'est génial, mais je ne suis pas prête. Qui est le client ? Que veut-il ?
Ne t'inquiète pas, c'est juste le brief.
OK, OK, mais je vais prendre quelques planches d'anciens projets, alors, pour montrer ce qu'on peut faire.
SALLE de REUNION

Alors voilà ! Nous, ce qu'on veut, c'est rentrer dans la tête des femmes, leur montrer qu'en un pschit on les a comprises.
Mais oui, de quoi ont envie les femmes aujourd'hui, messieurs ?
Qu'on se partage la charge mentale ?
HIN HIN
DES PHRASES ME SONT REVENUES :
N'aie pas peur de la vie, Alice.
Non messieurs ! Ce que les femmes veulent aujourd'hui, c'est prendre le chemin de leurs envies ! c'est faire un pas de côté pour s'interroger et trouver l'inspiration ! Croyez-moi, j'en sais quelque chose !
J'imagine bien le design de votre parfum avec une boussole, qu'on pourrait appuyer du slogan « En quête de sens ».

JE LES AI SENTIS UN PEU DÉMUNIS FACE À CETTE PROPOSITION.
Cette boussole, c'est un genre de sésame. Avec son message, ce parfum offrira à chaque femme l'opportunité de s'interroger et de se mettre en mouvement.
EN LE DISANT À HAUTE VOIX, JE ME RENDAIS COMPTE QUE C'ÉTAIT VRAIMENT CE QUE J'AVAIS ENVIE D'OFFRIR À TOUTES LES FEMMES : UN TICKET VERS UNE QUÊTE INTÉRIEURE.
Ah oui ! Je viens de comprendre le jeu de mots avec « sens ». Pas mal ! Ça me plaît bien.

QUELQUES JOURS PLUS TARD, ON A ORGANISÉ UN DÉJEUNER AVEC LES FILLES POUR LE DÉPART EN SOLO DE SOPHIE.
Alors, tu as pu mettre ta liste à jour?
Tu as l'air en grande forme, en tout cas! Tu rayonnes.
À vrai dire, oui, je crois que je viens de trouver quoi mettre en haut de ma liste!
En vrai, on devrait toutes faire ce que t'as fait au moins une fois par an.
Mais oui, bien sûr, c'est exactement ça!
Coucou, ma cocotte, je viens d'avoir une belle idée, rapport à la communication de ton gîte! Je t'appelle vite!
TAP TAP TAP
Bon, assez parlé de moi! Raconte-nous comment tu as organisé ton voyage, Sophie.

Je vais faire un treck de 15 jours ici, il parait que c'est magnifique.
On m'a recommandé de passer une bonne semaine dans cette vallée...
Je vais même faire une retraite de méditation !
INDE
Routard

UN AN PLUS TARD...
HÉRO

DE MA VIE
Héroïne de MA VIE
BIENVENUE À CE PREMIER RENDEZ-VOUS DÉDIÉ AU BIEN-ÊTRE DES FEMMES ! DES ÉCHANGES, DES RENCONTRES, DES ATELIERS POUR VOUS INTERROGER, DES CONFÉRENCES POUR TROUVER L'INSPIRATION. PARCE QUE, TOUTES, NOUS AVONS LE DROIT… DE RÊVER !
COMME LE DISAIT ROMY SCHNEIDER : « Réussir, ce n'est pas toujours ce qu'on croit. Ce n'est pas devenir célèbre, ni riche ou encore puissant. Réussir, c'est sortir de son lit le matin et être heureux de ce qu'on va faire durant la journée, si heureux qu'on a l'impression de s'envoler. »
ALORS, CAP DE S'ENVOLER, TOUTES ENSEMBLE ?

Bon, alors, comment on va l'appeler, ce petit bout ?
C'est tout trouvé : François, l'homme de ma vie, comme l'avait prédit ma voyante.
Maman, qu'est-ce que tu fais là ?
Je suis une femme, à ce que je sache. Je n'allais pas rater ça, quand même ! Moi aussi, j'ai le droit de m'interroger sur mes envies, Antoine, en parlant d'envies, d'ailleurs, il est où le champagne ?
Cause I am a champion,
And you're gonna hear me roar
Louder, louder than a lion

Attendez-nouuuuus!
LE CREW DE MA NANY AVAIT EU UN TEL COUP DE CŒUR POUR MON VAN QU'ELLES AVAIENT ENTAMÉ UNE NÉGOCIATION ENFLAMMÉE AVEC LE PROPRIÉTAIRE POUR LE RACHETER.
NANY FONÇA VERS MOI EN AGITANT UN PETIT PAPIER À LA MAIN.
Regarde, ma chérie, ce qu'on a trouvé dans la boîte à gants du van! Je me suis dit que tu pouvais en avoir besoin!
C'ÉTAIT MA LISTE DE RÊVES D'ADO, QUE JE REDÉCOUVRIS EN SOURIANT.
Merci ma Nany, tu es la meilleure.
À LA RELECTURE DE MA LISTE, JE M'APERÇUS QUE JE N'ÉTAIS FINALEMENT PAS SI LOIN DE MES ENVIES D'ADOLESCENTE. JE M'Y RECONNAISSAIS ENCORE, MÊME SI CES ENVIES AVAIENT ÉVOLUÉ ET S'ÉTAIENT ADAPTÉES À MES BESOINS DU MOMENT.

AVANT DE REJOINDRE LA SCÈNE, JE REGARDAI « TOUTES LES FEMMES DE MA VIE » (POKE LES L5), ET FUS PRISE D'UNE GRANDE ÉMOTION.
LEÏLA ET SON PETIT VENTRE ARRONDI. ELLE N'AVAIT JAMAIS ARRÊTÉ DE SE BATTRE ET D'Y CROIRE, MALGRÉ UN PARCOURS QUI AVAIT ÉTÉ SEMÉ D'EMBÛCHES.
JULIA, QUI RAYONNAIT. ELLE ÉTAIT SON PROPRE SOLEIL, SA PROPRE LUMIÈRE.
SOPHIE, QUI ÉTAIT RENTRÉE DE SON VOYAGE ET AVAIT DÉCIDÉ DE LANCER SON CENTRE DE MÉDITATION. ELLE AVAIT AUSSI RAMENÉ UN « SOUVENIR » DE LÀ-BAS.
ZOÉ, QUI AVAIT REBONDI, SUIVI SON RÊVE ET DÉPLOYÉ UNE ÉNERGIE FOLLE POUR CRÉER CETTE JOURNÉE DÉDIÉE AU BIEN-ÊTRE DES FEMMES À MES CÔTÉS.
MA MÈRE ET MA GRAND-MÈRE, MES PILIERS, MES MODÈLES.
MA BELLE-MÈRE... (TOUJOURS LÀ...)
ET, ÉVIDEMMENT, CELLES À QUI J'AVAIS ENVIE DE TRANSMETTRE TANT DE CHOSES, MES AMOURS, MES FILLES.

Bonjour à toutes et à tous! Est-ce que vous allez bien?
J'ai dit, est-ce que vous allez biennnn? Je ne vous entends pas, faites du bruiiiiit!
Bon, en tout cas, merci d'avoir répondu présente à ce rendez-vous... avec vous-mêmes!
Avant de vous laisser profiter du joli programme qu'on vous a concocté, je voulais vous en dire un peu plus sur cette aventure.
...
Cette aventure a commencé pour moi par un message provenant du passé, ou presque! J'ai retrouvé dans mes affaires de lycéenne une liste de toutes les choses que je voulais réaliser dans ma vie...

Apprendre à faire un ollie en skateboard, faire un tour d'Europe en van, reproduire la chorégraphie de « Dirty Dancing », partir en mission humanitaire dans les pas de lady Di...
Et si on peut dire clairement que ma carrière de skateuse pro restera un doux rêve et que je n'ai pas encore marché sur les pas de lady Di (si ce n'est pour sa grande influence mode), cette liste m'a permis de m'interroger sur le sens de la vie. Ou, plutôt, sur le sens de MA vie.
J'ai compris que, ce qui était important finalement, c'était d'avoir des projets, des rêves, de se faire confiance, de s'écouter, pour se mettre en mouvement ! Que se projeter était le début du chemin.
Voilà ce qui m'a permis de vibrer de nouveau, de rallumer la petite étincelle, ce qui a été aussi dur pour moi que faire du feu dans « Koh-Lanta ».
THONDESTAING
PAF!
Enfin et surtout, j'ai compris que, ce qui comptait, ce n'était pas tant la destination que le chemin pour y parvenir. Poke Paulo Coehlo. Les rencontres, les échanges, la sororité, mais aussi les pneus crevés, les détours... Voilà ce qui a permis de nourrir mon « en-quête » de sens !

Et vous, vous êtes-vous déjà demandé ce qui vous donnait envie de vous lever le matin (hormis votre tartine de confiture) ?
Allez, aujourd'hui, on met nos peurs de côté et on ose tout parce que, fuck, on n'a qu'une vie !

CLAP
CLAP
CLAP
CLAP
BRAVO !
CLAP
CLAP
CLAP
CLAP
BRAVO !
CLAP
CLAP
CLAP
CLAP
CLAP
CLAP
CLAP

Moi, quand je serai plus grande, je serai astronaute ! Comme ça, je ramènerai une étoile pour l'offrir à maman.
Et moi, je serai la meilleure footballeuse du monde entier !
AA-123-GO

Alors, les filles,
ça rêve en grand ?
FIN ♥
F
75

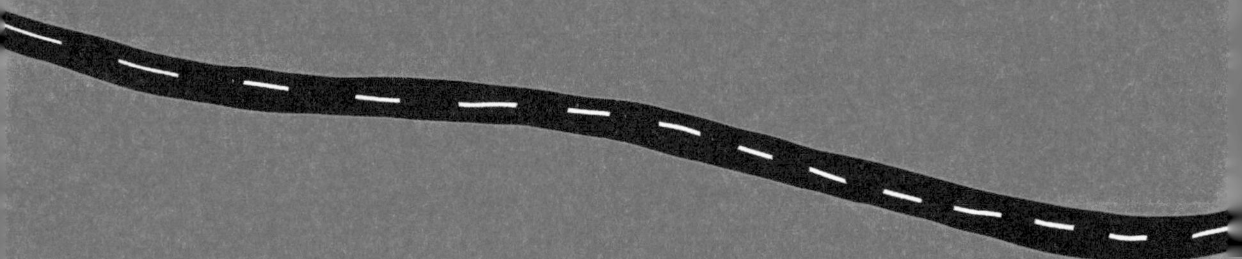

BONUS

# NOS LISTES DE RÊVES

NOUS LES FEMMES, NOUS DEVONS RÉALISER
ET SUIVRE NOS RÊVES. NOUS DEVONS DIRE
« JE PEUX LE FAIRE ET JE SUIS AUTORISÉE À LE FAIRE ».

GLENN CLOSE

## ANNE-SOPHIE

- VIVRE DANS UNE MAISON TOUT EN BOIS AU BORD DE L'OCÉAN.
- PASSER UNE ANNÉE SABBATIQUE EN ITALIE À MANGER DES PASTA ET À BOIRE DU PROSECCO.
- ÉCRIRE UN LIVRE POUR ENFANTS.
- PRÉVOIR UN « RENDEZ-VOUS EN TERRE INCONNUE » AU NÉPAL (AUX CÔTÉS DE VIRGINIE EFIRA).
- PRENDRE UN CAFÉ CRÈME (OU DEUX) AVEC MICHELLE OBAMA (ET FANNY).

## FANNY

- FAIRE UN TOUR DU MONDE EN VAN EN FAMILLE.
- SE CONSTRUIRE UNE MAISON PROCHE D'UN LAC ET DE MONTAGNES.
- ÉCRIRE UNE SÉRIE DRÔLE ET DÉCULPABILISANTE POUR LES FEMMES.
- FAIRE DE LA PHOTOGRAPHIE ET DE LA DIRECTION ARTISTIQUE.
- PRENDRE UN CAFÉ CRÈME (OU DEUX) AVEC MICHELLE OBAMA (ET ANNE-SOPHIE).

## LÉNA

- RÉNOVER UNE MAISON POUR EN FAIRE UN LIEU D'ACCUEIL D'ÉVÉNEMENTS BIEN-ÊTRE ET CULTURELS
- APPRENDRE LA PERMACULTURE ET FAIRE UN POTAGER PERMACOLE
- ILLUSTRER ET FAIRE PUBLIER UNE BD DONT J'AURAIS ÉCRIT LE SCÉNARIO
- APPRENDRE À JOUER DU PIANO (ET À CHANTER JUSTE)
- VIVRE D'AMOUR ET D'EAU FRAÎCHE

# POUR LA ROUTE !

APRÈS MON AVENTURE, JE TIRE QUELQUES ENSEIGNEMENTS CLÉS, QUI ME PERMETTENT AUJOURD'HUI DE ME LEVER DE « BONHEUR » ET QUE JE SOUHAITE PARTAGER AVEC VOUS, CHÈRE LECTRICE !

## 1. LE BONHEUR, C'EST LES AUTRES

## 3. MISER SUR LA BIENVEILLANCE

## 4. PRENDRE DU TEMPS POUR SOI

# S.I.S.T.E.R.S

Nous voulions dédier spécialement ces nouvelles aventures d'Alice
à toutes les femmes de nos vies ♡
Parce que, oui, la vie n'est pas un long fleuve tranquille.
On doute, on chute, on croise des obstacles,
mais quoi qu'il nous arrive «elles» sont toujours là pour nous relever.
Une sœur, une amie, une maman, une cousine... qui nous accompagne,
nous encourage, nous tient la main (ou un verre à l'heure de l'apéro).

À celles avec qui on refait le monde dès le café crème du matin.
À celles qui nous inspirent par leur force et leur détermination.
À celles qui nous ouvrent les bras quand tout semble s'écrouler.
À celles avec qui on dessine et on écrit notre quotidien.
À celles avec qui nos rires en chœur jouent la plus enchanteresse des mélodies.
À celles qui sourient même quand la vie ne leur en donne pas l'occasion.
À celles qui se battent contre une maladie, un baby-blues, une infertilité,
un burn-out, leur mental, une séparation, ou juste contre elles-mêmes,
mais qui trouvent l'énergie, même quand il n'y en a plus.
À celle qui nous a donné la vie, mais surtout « l'envie de vivre».
À celles avec qui on va tout lâcher le temps d'une soirée
(au grand dam de notre périnée #cellesquisaventsavent).
À celles que l'on ne connaît pas mais qu'on devine
lors d'un moment de complicité et d'un seul regard échangé.
À celles qui éveillent nos enfants au quotidien.
À celles qui brillent sans le savoir même quand elles doutent de tout,
et surtout d'elles-mêmes.

À celles qui continuent de rêver et de croire en elles parce que, fuck, on n'a qu'une vie!

À celles qui ne sont plus là mais à qui on pense chaque instant
et à chaque étape de nos vies de femme.
À celles en devenir qui seront nos inspirations et nos espoirs de demain ♡

À Alice, notre héroïne d'autofiction qui nous permet chaque jour
d'apprendre à mieux nous connaître, mais à qui on doit surtout la rencontre
de ces femmes extraordinaires, nos lectrices.

À tous nos crews, qui rendent la vie plus jolie, par nom de groupe WhatsApp ☺:

Les Croquantes
Les Brancs
Lion sur mer morues
Goûter apéro jeudi,
Girls just wanna have fun
Couv
Les triplettes de BD ville
Holi à bonheurs

Bitch des Vivi
Stronger Together
Zen
Paris-Trouville
On se dit tout
Les do-euses
À l'aise blaize
Les 3 blondes et la brune

les biches de l'iscom
Cousinade
Une idée
Sisters LeSC
Bloum! On appelle le 15
Transpirer avec Bastien
Apéro
Destiny's Child...

LES HOLIS

Merci à celles grâce à qui les aventures d'Alice continuent en BD,
et qui ont fait de ce projet très intense un marathon de la bonne humeur :
Lama, Anne-So & Fa.

Merci à Marion & à la team Solar de nous avoir, une fois de plus,
donné leur entière confiance ♡.

Merci à Bibou pour ses siestes, pendant lesquelles j'ai pu dessiner.

Merci à Vincent pour les tasses de thé, les petits goûters,
les encouragements & les « grasses mat' ».

Merci à Mamina & à Abuela pour leur aide précieuse.

Merci à Agathe & à Chloé pour leurs encouragements ♡.

Et puis, merci la vie !

LÉNA

**Direction** : Jean-Louis Hocq
**Direction éditoriale** : Marion Guillemet-Bigeard
**Édition** : Lama Younès-Corm
**Correction** : Chloé Chauveau
**Conception graphique (couverture et intérieur)** : Léna Piroux
**Fabrication** : Laurence Dubosq

ISBN : 978-2-263-17805-4
Code éditeur : L17805
Dépôt légal : septembre 2022



Achevé d'imprimer en France par Chirat

Solar éditions

solar_editions

Solar, un département d'Edi8
92 avenue de France
75013 Paris